Ana Gutiérrez

01/21/2013

MI NOMBRE ES VICTORIA

Advertencia: Algunos de los nombres de las personas que figuran en esta historia han sido cambiados para proteger su privacidad. Aunque no todos.

VICTORIA DONDA

MI NOMBRE ES VICTORIA

EDITORIAL SUDAMERICANA
BUENOS AIRES

Donda, Victoria
  Mi nombre es Victoria. - 1ª ed. - Buenos Aires : Sudamericana, 2009.
  256 p. ; 23x16 cm. - (Biografías y testimonios)

  ISBN 978-950-07-3067-9

  1. Autobiografía. 2. Testimonios. I. Título
  CDD 920

IMPRESO EN LA ARGENTINA

Queda hecho el depósito
que previene la ley 11.723.
© *2009, Editorial Sudamericana S.A.®*
Humberto I 531, Buenos Aires.

© Éditions Robert Laffont, Paris 2009.

www.rhm.com.ar

ISBN 978-950-07-3067-9

Esta edición de 4.000 ejemplares se terminó de imprimir en Printing Books S.A.,
Mario Bravo 835, Avellaneda, Buenos Aires, en el mes de mayo de 2009.

ANALÍA

La primera vez que las chicas de H.I.J.O.S. se acercaron a ella fue a finales del 2002, cuando Analía y otras personas de su agrupación vivían en uno de los tantos bancos que habían cerrado tras la crisis del 2001. Allí habían establecido un centro cultural y de asesoría jurídica para los vecinos del barrio de Avellaneda, en el que se encontraba el edificio. Aquella vez necesitaban obtener algunas fotos de Analía para compararlas con las de quienes sospechaban que podrían ser sus padres. María y Laura estaban a cargo de la misión; debían acercarse al banco y tratar de conseguir algunas imágenes, aunque fuese desde cierta distancia. El problema: no sabían cómo era Analía, nunca antes la habían visto.

María se arrimó a un hombre que impartía instrucciones a un grupo de jóvenes acerca de cómo comportarse en caso de que llegara la policía a desalojarlos.

—Disculpame —le dijo acercándose tímidamente—, estamos buscando a Analía. ¿Sabés dónde podemos encontrarla?

El hombre, que parecía no haber notado su presencia hasta entonces, la miró un segundo sorprendido antes de contestarle:

—Sí, claro, está allá al fondo —dijo señalando un lugar indeterminado al tiempo que gritaba—: ¡Analía! ¡Vení, estas chicas te buscan!

Laura y María no tuvieron ni siquiera tiempo de reaccionar. Desenmascaradas incluso antes de poder saber quién era la persona que buscaban, ambas miraron en la dirección del grupo de gente al que se habían lanzado los gritos, y la vieron girar la cabeza hacia ellas y comenzar a acercarse.

Se trataba de una chica imponente. Analía no era alta, pero sí era la única persona entre todas las que estaban allí que calzaba zapatos de tacos altos. Tenía el pelo negro suelto y enrulado, que caía en una estudiada anarquía por debajo de los hombros. Llevaba unos aros gigantescos, uno diferente en cada oreja, y estaba maquillada. Vieron su rostro pasar de la seriedad de quien está absorto en una tarea a exhibirles una gran sonrisa.

Cuando les preguntó quiénes eran, María logró balbucear que, como estudiantes de sociología, estaban investigado sobre los centros culturales en edificios tomados, y que querían hacerle unas preguntas. Analía aceptó bien predispuesta, sin notar que las preguntas eran improvisadas, y que ninguna tenía un grabador, ni tan siquiera un lápiz y un papel con el que fingir que tomaban notas de lo que ella les decía. Al final le propusieron hacerle unas fotos, y al aceptar ella sugirió que incluyesen a otros compañeros del barrio y del movimiento, a lo que María y Laura respondieron que sí, triunfantes. Habían cumplido su objetivo. Tenían las fotos que habían ido a buscar. Y, a pesar de la angustia que habían sentido al tener que mentir, con el tiempo aquel primer encuentro sería citado por todos, entre risas, y mencionado para distender situaciones complicadas, como por ejemplo, las entrevistas con los medios.

Las investigaciones llevadas a cabo desde los organismos de derechos humanos, ya sea por las Abuelas de Plaza de Mayo o, como era el caso de quien todavía se llamaba Analía, desde la bautizada "comisión Hermanos" de H.I.J.O.S., se hacían ante todo protegiendo a quienes consideraban las principales víctimas de las apropiaciones: los hijos de los desaparecidos. No se trataba solamente de evitarles exposiciones públicas que podrían afectarlos aun más en el de por sí traumático proceso de aceptar una nueva identidad, una nueva vida y, por el mismo acto, de colocar a sus hasta entonces padres en el lugar que les correspondía: el de apropiadores. No, con los procesos largos y silenciosos de las investigaciones se buscaba también evitar a los chicos apropiados falsas esperanzas, alimentando en ellos un proceso que revolucionaba su existencia para después, por ejemplo, encontrarse con que lo que sospechaban no era verdad, o al menos no era verificable. Ambos temores se sostenían sobre no pocos ejemplos, y a lo largo de sus casi treinta años de existencia las Abuelas de Plaza de Mayo, con su lucha incansable por recuperar la identidad de casi quinientos chicos nacidos en cautiverio o secuestrados junto con sus padres durante la dictadura militar, habían aprendido a tener paciencia a los golpes. De entre los casos de sobreexposición mediática que habían terminado por traumatizar a los implicados y dificultar su integración en sus "nuevas" familias, el más sonado había sido quizás el de los mellizos Reggiardo-Tolosa, apropiados durante la dictadura por el subcomisario Samuel Miara. Durante el año 1994, el reiterado paso de los mellizos, apenas unos adolescentes, por los diferentes canales de televisión, había conseguido ensuciar el proceso contra sus apropiadores a tal punto que tuvieron que ser criados por familias sustitutas hasta el momento de cumplir la mayoría de edad. Aquella herida seguía fresca y sin cicatrizar en los corazones de las Abuelas, y en los de cada uno de los voluntarios que trabaja-

ban en las diversas asociaciones. En cuanto al segundo de los posibles problemas, el de las falsas esperanzas, la cuestión era aun más espinosa, por cuanto el caso más reciente tocaba de lleno la historia de Analía. En el año 2001, el programa de investigación periodística "Telenoche Investiga", por entonces a cargo de Miriam Lewin, ex detenida-desaparecida en la Escuela de Mecánica de la Armada (ESMA), había tratado el caso del capitán de navío Adolfo Donda Tigel. Acusado de ser el responsable, entre otros, del secuestro y de la posterior muerte de su hermano José María y su cuñada Cori, embarazada de cinco meses en el momento de su desaparición. Según los testimonios de algunos sobrevivientes, en 1977, Cori había tenido una hija en la ESMA, donde su cuñado se desempeñaba como jefe de inteligencia. Lidia Vieyra, quien por entonces tenía diecinueve años y estaba detenida junto con ella, testificó que Cori, en un acto acorde con su carácter indómito que se manifestaba aun en los peores momentos, había llamado Victoria a la pequeña, y le había cosido en los lóbulos de las orejas unos hilitos azules, con la esperanza de que alguien, alguna vez, la reconociese. En aquel programa, donde se aportaban pruebas flagrantes contra el torturador Donda, se sostenía que la hija de Cori era posiblemente Mariel Donda, criada con un tío segundo de la familia en Diamante, provincia de Entre Ríos. Cuando las Abuelas de Plaza de Mayo, basándose en aquellas denuncias, consiguieron a través de un juez que se le realizasen a Mariel las pruebas de ADN para verificar su identidad, los resultados no fueron compatibles con los de Cori y José María. Además de un fiasco para todo el mundo, aquello fue completamente traumático para la chica, y quienes habían seguido el caso aún no soportaban recordarlo. La política de Abuelas era la de proteger siempre a los chicos apropiados, con el fin de no provocarles una nueva situación traumática, pero los medios de comunicación no se manejan con los mismos pruritos, y aquel caso, al igual que el de los mellizos Reggiardo-Tolosa, las reafirmaba en su intención de avanzar siempre discretamente y con sumo cuidado.

El caso de Victoria Donda era especial por muchas razones: la principal era que uno de los responsables del secuestro, la tortura y el asesinato de sus padres no era otro que su tío Adolfo, conocido en los círculos militares con el sobrenombre de "Palito" o "Jerónimo". Adolfo Donda era la prueba viviente de que la crueldad no tiene límites, sobre todo si se escuda en un supuesto código de conducta militar por el cual las órdenes están para ser cumplidas y resulta impensable cuestionarlas. Cada una de las chicas que habían llevado a cabo la investigación, Vero, María, Laura y las demás, no podían dejar de preguntarse cómo aquel monstruo había sido capaz de sentarse en una de las improvisadas oficinas de la ESMA mientras en el cuarto de al lado su cuñada era torturada, o cómo había podido autorizar el robo de su bebé para entregárselo a otra familia, negándole toda posibilidad de conocer sus orígenes y reivindicar su herencia, la misma sangre que corría por sus venas.

Pero esta no era la única razón que hacía tan particular a Victoria. Si las sospechas que guiaban su investigación se confirmaban y Victoria Donda era efectivamente Analía, entonces se trataría del primer caso en el que una militante y activista política de izquierda, hasta entonces considerada como la "hija rebelde" de un militar retirado, resultaba ser una chica apropiada, una hija de desaparecidos. A las chicas de H.I.J.O.S. les gustaba pensar que el destino de Victoria estaba escrito en su sangre, que deviniese la evidencia de que los treinta mil desaparecidos no habían sido derrotados, y que su lucha seguía viva en sus hijos. Pero la consigna era no apurarse, y quedaba por decidir cuándo hablarían con ella, en qué circunstancias, y cuánto de lo que sospechaban podían contarle.

Bastó que pusieran la foto que habían tomado a Analía junto a las de María Hilda Pérez y José María Donda para que quedaran pocas dudas sobre la verdadera identidad de aquella chica. Todos estaban prácticamente seguros de que quien iba con ellos desde hacía años a los "escraches" en las casas de ex torturadores y represores, quien marchaba en las manifestaciones junto a la columna de las Abuelas de Plaza de Mayo, no se llamaba Analía, no había nacido en 1979, no era la hija de Raúl, el militar retirado, y Graciela, el ama de casa. Se trataba de Victoria Donda, nacida en la ESMA en 1977. La de los hilitos azules en las orejas, y el vivo retrato, por físico y por carácter, de Cori, de su verdadera madre. Pero no podían permitirse dejarse ganar por la ansiedad y, como siempre, debían andar con pies de plomo para resguardar, por sobre todas las cosas, la integridad de los chicos posiblemente apropiados.

El problema, como siempre, es que las cosas nunca suceden como se desea, o al menos como se espera. Y así fue como un día de finales de julio del 2003, meses después de aquel primer encuentro de María y Laura con Analía, circunstancias ajenas a la investigación provocaron un violento cambio de planes, un giro radical en la historia que auguraba un final por lo menos incierto.

Todo había comenzado en 1999 cuando, debido a las numerosas leyes de impunidad e indultos que habían ido dejando en libertad o sin proceso judicial alguno a los responsables de los crímenes cometidos durante la dictadura militar en la Argentina, diversos países como Francia, España o Italia comenzaron sus propios procesos contra los torturadores argentinos, amparados en que algunas de las víctimas de la dictadura poseían la nacionalidad de esos países. Así, tras varios intentos infructuosos, en

12

aquel mes de julio del 2003 había llegado desde España, como consecuencia de la investigación judicial llevada a cabo por el juez Baltasar Garzón sobre la desaparición de ciudadanos españoles durante la dictadura, un pedido de captura y extradición de 46 ex militares y policías. Además de los jefes de la cúpula militar y de los responsables más notorios de los centros clandestinos de detención, se encontraban otros militares de menor rango, aunque con igual nivel de implicación. Y entre ellos, estaba Raúl. El padre de Analía.

El asunto iba mucho más allá de si Analía sospechaba o no que quien se hacía llamar su padre no lo era realmente. Ella siempre había creído que la participación de Raúl en la organización militar había sido anecdótica, y jamás se había atrevido siquiera a imaginar que pudiera acusárselo de torturas y asesinatos. De un día para el otro ella, militante del movimiento Barrios de Pie, activista política de izquierda y asidua colaboradora de las organizaciones de Derechos Humanos, descubría que su propio padre había integrado el bando de quienes ella consideraba, incuestionablemente, como "el enemigo". Y para las Abuelas de Plaza de Mayo, lo que podría haber sido una buena noticia, un pedido de extradición para juzgar a criminales que el Gobierno de su propio país se negaba a entregar a la Justicia, se convertía en una bomba de relojería frente a la que era necesario tomar medidas urgentes para cuidar la integridad de Analía. Todo el esfuerzo que habían concentrado en protegerla de la investigación que estaban llevando a cabo no había conseguido salvaguardarla de las consecuencias derivadas de que Raúl, aquel ex militar de quien Analía jamás había imaginado ninguna implicación con las torturas, estuviera en la lista de quienes debían pagar por los crímenes cometidos.

El teléfono sonó en la sede de H.I.J.O.S. durante lo que parecía ser una tarde cualquiera de invierno en Buenos Aires. Del otro lado de la línea estaba Estela de Carlotto, presidenta de Abuelas. Pocas horas antes, había sido el teléfono de la sede de Abuelas el que había sonado, y quien llamaba era Analía, desde el Hospital Naval, donde Raúl se encontraba internado en terapia intensiva tras haber intentado suicidarse, quizá prefiriendo la muerte a tener que enfrentar las consecuencias de la mentira que llevaba construyendo desde hacía décadas. Entre lágrimas, incapaz de saber cómo reaccionar, Analía había pedido hablar con Estela. Y esa mujer que llevaba años de lucha y de resistencia, que seguía todavía buscando incansablemente a su propio nieto, había tenido que morderse los labios para no hablar de más mientras aquella chica tan comprometida y valiente le pedía perdón entre hipos por lo que había hecho su padre, sin sospechar siquiera que no la unía ningún lazo de sangre con él, que en realidad estaba pidiendo perdón en nombre de su apropiador.

Y mientras todos los organismos de derechos humanos y asociaciones de ex detenidos desaparecidos festejaban abrazándose a la posibilidad de que la medida judicial iniciada en España provocase algún tipo de reacción entre quienes hacían las leyes en la Argentina, en la sede central de H.I.J.O.S. se organizaba una reunión de urgencia que derivaría en la decisión que lo cambiaría todo: era necesario hablar con Analía, aun si todos coincidían en que era demasiado pronto. Porque si no lo hacían ellos, los medios terminarían por hacerlo y las consecuencias serían, si cabía, mucho peores aún.

En la reunión participaron representantes de las Abuelas, las chicas de la comisión Hermanos que llevaban adelante la investigación caratulada como "Caso Donda-Pérez", y algunos de los responsables políticos de la Corriente Patria Libre y de Barrios de Pie, donde militaba Analía. Todos habían estado de acuerdo en que era *necesario hablar con ella, decirle lo que sabían sobre quienes decían ser sus padres, pero lo difícil resultaba definir cómo abordarla, cómo evitarle en la medida de lo posible más sufrimiento en un momento tan difícil como el que estaba viviendo. Finalmente, se decidió que el "Yuyo" hablase primero con ella, antes de que lo hicieran las chicas de Hermanos. "Yuyo" era casi el confesor oficial del partido, y el responsable de la zona Sur donde militaba Analía. Antiguo militante del Ejército Revolucionario del Pueblo (ERP) durante los años sesenta y setenta, el "Yuyo" destacaba por unos gruesos anteojos y una marcada renguera, causada por los tres tiros de bala que recibió en la pierna cuando lo capturaron los comandos parapoliciales a principios de los setenta, dejándolo seis años en la cárcel sin recibir tratamiento alguno y sin sacarle las balas de la pierna. Analía, como casi todos en el movimiento, tenía una confianza ciega en él, y su figura paternal parecía la más indicada para presentarle, con la mayor de las cautelas, el estado de situación.*

Se encontraron en un bar y se sentaron frente a frente en una pequeña mesa cerca del ventanal, desde donde podía observarse el cielo plomizo y gris que cubría la ciudad anunciando los peores augurios para aquel funesto día. El "Yuyo" había repasado en su mente una y mil veces lo que le diría, cómo se lo diría, por dónde empezaría y hasta dónde pensaba llegar. Sin embargo, al encontrarse frente a aquella chica, siempre tan fuerte y tan determinada, que ahora apenas podía sostenerse, casi vencida sobre la mesa por el cansancio de las noches en vela junto a la cama en la que Raúl permanecía inconsciente en terapia intensiva, y cuyos ojos enrojecidos parecían querer disuadirlo de hundir aun más el dedo en la llaga de su sufrimiento, lo único que pudo hacer fue llorar en silencio con ella. Pero las lágrimas del "Yuyo" no eran de tristeza, sino de bronca: bronca por lo que los militares le habían hecho a toda una generación, a todo un país, bronca por tener que estar ahí, hacién-

dole daño a alguien que quería como a su hija, bronca por verla llorar por quien él consideraba un criminal que no merecía ni el perdón de Dios. Y sobre todo, bronca porque se le habían olvidado las palabras que tenía preparadas para anunciarle el destino que le había tocado en suerte. Finalmente, sacándose los gruesos anteojos empañados por las lágrimas, optó por abrir la boca y dejar que las palabras surgiesen solas, en el orden y la forma que ellas mismas eligiesen.

—Negrita, odio decirte esto, pero tenemos razones para sospechar que vos sos hija de desaparecidos. Raúl y Graciela no son tus padres —hizo una pausa, esperando por si Analía decía algo. Pero ella no reaccionaba, estaba petrificada. Era demasiado. Demasiada información, demasiadas cosas. El "Yuyo" temió por un instante que la sonrisa a la que estaba tan acostumbrado nunca más volviera a dibujarse en aquel rostro hinchado por las lágrimas y la falta de sueño—. Las chicas de Hermanos y algunas de las Abuelas están en un bar cerca, y les gustaría hablar con vos. Ellas van a poder explicarte mejor...

Aquel día quedaría grabado para siempre como detrás de un prisma borroso, como fuera de foco, desencajado del calendario. Los recuerdos serían fragmentarios, y las conversaciones y situaciones que se sucedieron prácticamente irreproducibles. Como una autómata, Analía siguió al "Yuyo" hasta un bar a la vuelta del Hospital Naval, donde la esperaba el resto de la comitiva. Recordaría que le hablaron de su partida de nacimiento, de su falsedad al estar firmada por un tal doctor Magnacco, de quien sabían se ocupaba de firmar las partidas de los chicos nacidos en la ESMA.

Había nacido en la ESMA.

Raúl y Graciela no eran sus padres.

Era hija de desaparecidos.

Analía sentía como si cada célula de su cuerpo estuviese llorando, pidiendo desesperadamente ayuda. Pero sus ojos estaban secos, como si ya no fueran suyos. Como si ella ya no fuese ella. Cuando aquella noche regresó a su casa, recordaría haber sacado de su estuche, en el fondo del armario de la cocina, el revólver de servicio de Raúl de cuando estaba en la Prefectura. El mismo con el que él había intentado, sin éxito, suicidarse. Recordaba haberlo acariciado, sintiendo que utilizarlo era quizá la única forma de terminar con aquella pesadilla. Pero el suicidio no estaba en sus genes.

De haber podido, en ese momento hubiese sonreído ante lo oportuno de aquella última reflexión.

¿Qué le había sucedido? ¿Cómo era posible que todo un mundo se derrumbase en tan poco tiempo? Habían bastado tres días para que su padre pasase de ser un comerciante a ser un ex torturador, y finalmente ni siquiera su padre. ¿Quiénes eran entonces sus verdaderos padres? Tanto las Abuelas como las chicas de la comisión Hermanos se habían negado a respondérselo. Habían sido claros y honestos con ella: la única forma de saber quién era realmente, quiénes habían sido sus padres, era someterse a las pruebas de ADN. Pero someterse a esos estudios era también comenzar el proceso judicial por el cual tanto Raúl como Graciela corrían el riesgo de ser encarcelados, por delito de apropiación y falsificación de su identidad. Analía era incapaz de asimilar la injusticia que sentía al tener que hacerse responsable de juzgar a quienes no podía evitar seguir llamando "papá" y "mamá". Su decisión era casi imposible: se sentía paralizada ante la posibilidad de hacerse las pruebas de ADN, por miedo a las consecuencias que esto podía acarrear para su "familia". Pero tampoco podía seguir así, sin sa-

ber quién era realmente, de dónde venía. Cuál era su verdadero nombre.

Pasaron varios meses desde aquel nefasto final de julio del 2003. Meses en los cuales Analía apenas comía, en los que había abandonado sus ropas siempre coloridas para vestirse de negro, en los que la militancia, que seguía siendo lo más importante para ella, se había visto relegada a un segundo plano. Después de todo, se sentía incapaz de mirar a los ojos a sus compañeros, tanto por la culpabilidad que le generaba la acusación que pesaba sobre Raúl como por las miradas de condescendencia que ellos le ofrecían, sin saber cómo comportarse frente a su dolor. Durante aquellos meses se sostuvo enormemente en su amiga Vicky, una compañera de militancia de la que se había vuelto inseparable, y con quien podía identificarse en cierto punto por ser ella también hija de desaparecidos. Su otro sostén fueron las chicas de Hermanos: sin importar a qué hora las llamase, ni los motivos de su llamado, ellas siempre estaban allí para escucharla, para tomarse un café con ella, o tan solo para estar a su lado, respetando sus cada vez más frecuentes silencios. Una vez, mientras pasaba el tiempo en las oficinas de H.I.J.O.S. en el centro de Buenos Aires, se puso a hojear un libro en el que figuraban las fotos de desaparecidos aportadas por sus familiares y atesoradas por las Abuelas de Plaza de Mayo durante años. Fotos en blanco y negro, muchas de ellas de mala calidad, desde las cuales asomaban rostros jóvenes detenidos en el tiempo, suspendidos en algún momento de la década del setenta del que ya nunca emergerían. Junto a ella estaba Vero, simplemente a su lado, para mostrarle que no iban a dejarla sola en un momento como aquel.

—¿En este libro están las fotos de los que ustedes creen que eran mis padres? —preguntó de repente Analía, sin mirarla y sin dejar de pasar lentamente las páginas del inmenso libro.

—Sí —le respondió Vero, incapaz de encontrar otras palabras que aportasen tranquilidad, e imaginando el dolor que debía estar recorriendo a Analía en aquel momento. En todo momento.

Analía siguió pasando las páginas, hasta que se detuvo frente a dos pequeñas fotos en lo alto de una página. Vero supo enseguida que se trataba de las fotografías de María Hilda Pérez, "Cori", y de José María Donda, "el Cabo". Las personas que, sospechaban, eran sus verdaderos padres. El esfuerzo que debía realizar para mantenerse inmutable, para no dejar ver el terremoto que la sacudía por dentro, era insostenible. Finalmente, Analía retomó el paso de las páginas, y Vero respiró agradecida. Sin embargo, poco después dejó de pasar las páginas, volvió atrás, giró el libro en dirección a Vero y le mostró las dos fotos que, antes de mirarlas, ya sabía cuáles eran.

—¿Vos creés que ellos son mis padres?

Vero lo vivió como un grito de ayuda. Solo con mirar a los ojos a Analía podía comprender cuánto necesitaba que se lo confirmase. Era tan evidente... ver la imagen de Cori era como ver a Analía transportada por la magia del tiempo treinta años atrás. La mirada, la forma de la mandíbula, la nariz...

—Eso no puedo decírtelo —le respondió al fin, y cada palabra que salía de su boca le quemaba como brasas ardientes—. Cuando te sientas preparada, la única forma de saberlo es haciéndote los estudios de ADN. Pero nadie te apura —agregó, sintiendo que era necesario repetírselo todas las veces posibles—. Solo vos podés tomar esa decisión.

Analía bajó la mirada y estudió en silencio la foto que tenía frente a sus ojos. Sabía que tenía que decidirse de una vez por todas. Pero tenía miedo. Tenía tanto miedo...

Tuvieron que pasar casi ocho meses antes de que Analía volviese a participar en una manifestación con sus compañeros de militancia. Durante todo aquel tiempo había desaparecido de los lugares que ella misma había ayudado a construir, de los espacios que antes había ocupado con naturalidad y que ahora le parecían ajenos a ella, como sintiendo que ya no era quien había sido, pero que aún era incapaz de enfrentar aquella en quien se convertiría. Pero ese era un día especial, un día que ella y tantos otros llevaban años esperando. Era el 24 de marzo del 2004, 28° aniversario del golpe militar con el que había comenzado la pesadilla en la que estaba atrapada en aquel instante. Y en este aniversario se haría efectivo el traspaso de los edificios de la ESMA, el centro de torturas y muerte donde ahora sabía que había nacido, a manos de la Ciudad de Buenos Aires y de las organizaciones de Derechos Humanos. En su lugar, se inauguraría el llamado Museo de la Memoria, para que nadie nunca olvidase a las víctimas de la represión ilegal. Y entre esas víctimas, sus padres, cuya identidad seguía sin conocer.

Aquel 24 de marzo del 2004 hacía un calor como solo sabe hacer en Buenos Aires, pegajoso e insistente, y con un nivel de humedad tan cercano al cien por ciento que cuesta comprender cómo es que no llueve. Un típico día de verano, en síntesis, pese a que el calendario indicase que el otoño ya había comenzado.

Analía había decidido ir sola, aunque una vez allí presenciaría el acto junto a sus compañeros de militancia. A lo largo de las rejas de hierro negro forjado que rodeaban el perímetro del inmenso predio militar, se colgaron miles de fotos de desaparecidos, muchos de los cuales habían pasado por el edificio del casino militar para nunca más regresar al mundo de los vivos. La emoción y la sensación de victoria que se sentían en el ambiente eran innegables, congregando a miles de personas entre las que había políticos, militantes de agrupaciones de izquierda y de asociaciones de derechos humanos, paseantes nacionales y extranjeros y periodistas de todo el mundo. Las notas de color las ponían las diversas obras presentadas por artistas para la ocasión, como aquella escultura del Ford Falcon verde, el vehículo preferido por los grupos de tareas cuando realizaban algún "operativo", atrapado y semidestruido entre las fauces de un broche de ropa. O, desde el otro lado del espectro, algún vecino del acaudalado barrio cuya ceguera y cuyos odios lo llevaron a colgar del balcón de su casa, frente a la avenida, un cartel pintado a mano que rezaba: "Viva la Armada". Los abucheos, la tensión y los objetos que fueron arrojados terminaron, sin embargo, por convencerlo de lo poco oportuno de su acto, y el cartel al fin desapareció.

Sin embargo, a pesar de todo lo que había luchado para que este momento se hiciese realidad, a pesar de la innegable emoción que le provocaba recuperar para el pueblo un símbolo tan nefasto de la reciente historia argentina, Analía no podía evitar tener la cabeza en otra parte. Se sentía como ida. Su cuerpo estaba presente, entonando cánticos y consignas, festejando con sus compañeros la victoria, pero su cabeza estaba a miles de años luz de allí, intentando reconstruir los últimos meses de su vida, aquellos en los que todo lo que creía verdadero se había esfumado para siempre, dejando tras de sí mentiras y resentimientos, pero abriendo también ante ella un nuevo horizonte de vida. Una vida que fuese, esta vez sí, la suya.

A su lado desde el principio, estaba Vicky. Fue ella quien finalmente la había convencido de venir. Había pasado un tiempo incontable decidiendo qué ponerse, cambiándose una y otra vez, y Vicky la había ayudado a elegir la escotada musculosa negra con flores turquesas que llevaba, haciendo juego con una pollera negra y, como siempre, tacos altos. No sabía qué hubiera hecho sin ella en *ese momento. Los discursos se sucedían unos a otros: el presidente Kirchner, el jefe de Gobierno de la Ciudad Aníbal Ibarra, representantes de las organizaciones de derechos humanos… todo ocurría lejos, como detrás de un vidrio. En un momento, durante el discurso de Juan Cabandié, nieto recuperado por las Abuelas y nacido en la ESMA, un escalofrío recorrió la espalda de Analía, haciéndole olvidar el calor reinante: "Mi madre estuvo en este lugar detenida, y yo nací aquí dentro, pero el plan siniestro de la dictadura no pudo borrar el registro de la memoria que transitaba por mis venas y me fue acercando a la verdad".*

La verdad. Ese era el hierro caliente al que le habían enseñado a aferrarse. No se puede querer en la mentira, no se puede soñar en la mentira, ni esperar, ni construir, ni avanzar. La mentira lo permea todo, se escurre por los intersticios de las cosas, de las personas, de los sentimientos, y les impide realizarse por completo, plenamente. La verdad, por dolorosa que sea, por más consecuencias que pueda tener sobre una existencia, es la condición esencial para ser. No se trata de la simple verdad de un nombre, de un origen o de una filiación. La verdad afirma la existencia, es la condición para ser uno mismo.

Habían acordado con Vero que, en caso de poder entrar al predio de la ESMA, lo haría junto a la gente de Hermanos. Como en medio de un sueño se percató de que a su lado estaba Paula, una militante de H.I.J.O.S. a la que ya conocía, y que estaba embarazada de cinco meses. Acercó lentamente su mano a la incipiente panza, y ya no pudo contener más las lágrimas. Ella no debía haber sido mucho más grande que el pequeño bebé que Paula llevaba dentro cuando a su mamá la trajeron a la ESMA.

Su mamá, de quien desconocía la identidad pero no su destino, había decidido pelear por lo que creía, a pesar de su embarazo. Había tenido el coraje de quedar embarazada, de luchar por la mis-

ma sociedad por la que Analía luchaba treinta años después, había soportado la tortura y las humillaciones para que ella pudiese nacer, y había dado su vida creyendo que el destino de su hija sería distinto al suyo. Frente al enorme peso del coraje y la determinación de quien aún no conocía, Analía se sentía pequeña, cobarde, incapaz siquiera de dejarse sacar una muestra de sangre para reivindicar una verdad oculta durante décadas.

Su llanto no tenía consuelo: Analía lloraba por ella, por lo que podía perder, por lo que había creído tener cuando jamás fue suyo, y por el miedo que le provocaba lo que vendría, las consecuencias infinitas que la búsqueda de la verdad tendría sobre propios y extraños. Su familia, que ya no podía calificar más de aquella manera, pasaría por el trance judicial de ser acusados de su apropiación, y corrían el serio riesgo de terminar en la cárcel. Las lágrimas no se detenían con nada, y apenas pudo encontrar consuelo en la cálida y gigantesca mano de Leo, un compañero encargado de la seguridad que le acariciaba con dulzura la cabeza.

Tomada de una mano por Vicky y de la otra por Vero, cruzaron las rejas de la entrada y avanzaron hasta el edificio principal, llamado "de las cuatro columnas" a causa, precisamente, de las cuatro inmensas columnas que adornaban su fachada imponente. Los militares dejaban constancia de su particular imaginación al nombrar las cosas. La caminata se detuvo pronto; todo esto le resultaba insoportable. Y el llanto ya era imparable. Ella, que siempre era tan reacia a llorar, a mostrar signos de debilidad frente a sus compañeros y amigos, se sentía inconmensurablemente frágil y pequeña, como si el nuevo nacimiento al que estaba a punto de someterse implicase perder toda autonomía, toda la fuerza construida a lo largo de sus años de vida. Analía se sentía menos que una niña, un bebé. El mismo bebé que había nacido en la Escuela de Mecánica de la Armada y que, veintisiete años después, se sentía igual de frágil e incapaz de defenderse que en aquel momento. Sin la incondicional amistad de Vicky, sin el apoyo de Vero y la gente de H.I.J.O.S. y Hermanos, sin sus compañeros que, como Leo, no dudaban en consolarla cuando ya no podía más, jamás hubiera podido atravesar el inmenso desierto en el que se había convertido su vida.

Intentó tomar aire, llenar sus pulmones de tiempo presente, volver a concentrarse en lo que sucedía a su alrededor, sin poder evitar un dejo de culpabilidad por no ser capaz de otorgarle un peso específico al momento fundacional que vivía la sociedad argentina con el proyecto del Museo de la Memoria. Había luchado durante años por esto sin siquiera sospechar hasta qué punto su destino estaba ligado a aquellos que siempre había combatido. Seguía intentando secarse los ojos, pero se sentía sin fuerzas para luchar contra su sensación de niña pequeña y abandonada. Quería a su mamá, pero no sabía quién era.

Pero a pesar de todo lo que sentía, a pesar de querer esconderse para siempre con la esperanza de que su presente no la alcanzase, Analía se recompuso. Quizá su nombre no era el que creía, sus padres no eran sus padres, y ni siquiera estaba segura de en qué momento había nacido. Pero la falsedad de su nombre y de su origen no invalidaría jamás quién era ella realmente. Hija o no de desaparecidos, nacida o no durante el cautiverio de su madre, Analía nunca dejaría de ser ella misma. Era consciente de sus convicciones, sabía dónde se encontraban sus círculos de pertenencia, y era perfectamente capaz de reconocer al enemigo contra el que siempre se había enfrentado. Su vida ya no sería nunca la misma, pero su sentido de la justicia, su necesidad de ser solidaria con los que más lo necesitan y su vocación militante no desaparecerían jamás. Por el contrario, solo podrían verse reforzados.

Diciéndose esto, apoyándose con fuerza en Vicky y en todos los compañeros y amigos que la rodeaban, Analía empezó a caminar junto a la columna del Movimiento, en dirección a la Plaza de Mayo. Era un día especial, un día mágico, y finalmente, lo que le sucedía no hacía más que reafirmar la importancia del momento histórico que estaban viviendo. La fuerza de voluntad que siempre la había caracterizado, y que aún no identificaba como punto de coincidencia con quien había sido su verdadera madre, terminó por imponerse. Los militares le habían quitado a sus padres, le habían arrebatado su nombre y su identidad y la habían dejado crecer en la mentira. No lograrían quitarle también el placer de la enorme victoria que significaba para todos este caluroso 24 de marzo. En un día de conmemoración de la página más negra de la historia argentina, asomaba la luz de un nuevo comienzo para el país. Y aquel día sería también, lo había decidido, el primero de su nueva vida. Apretó aun más fuerte la mano de Vicky, que desde el principio la miraba preocupada y angustiada por no saber cómo consolarla, qué palabras usar. Con un esfuerzo sobrehumano, dibujó en su rostro una de sus típicas sonrisas, que llevaban tanto tiempo ausentes.

Al día siguiente, llamó a Roberto, su ex pareja, pero para siempre su amigo. Quería que la acompañase a realizarse los análisis de ADN. Y en esa última y determinante decisión de Analía, comenzaba para ella su nueva vida.

Veintisiete años después, Victoria estaba a punto de nacer de nuevo.

I. Cori y el Cabo

La primera vez que la vi pensé que debía tratarse de una foto carnet, de esas que se sacan en situaciones oficiales y en las que, por más esfuerzo que se haga, salir bien es una utopía. En la foto mira de frente a la cámara, con los ojos clavados en el objetivo y una cierta pretensión de seriedad que no logra disimular una sonrisa más cercana a la burla que a la alegría. Tiene una mandíbula fuerte, el pelo negro, ondulado y largo hasta los hombros, y labios carnosos. Como yo.

La fotografía, según supe después, fue tomada en una de las veces en las que, tras alguna manifestación o reivindicación a las que tanto se aferraba, terminó en una comisaría. Se trata de la fotografía "oficial" de las Abuelas de Plaza de Mayo, que identifica a mi mamá como una de las treinta mil personas desaparecidas durante la dictadura. La foto que utilizaron para decirle al mundo que me estaban buscando desde hacía casi treinta años. Y la foto con la que me encontraron.

Su nombre era María Hilda Pérez, aunque todos la llamaban "Corita", o la petisa. Los compañeros de militancia, quizás inspirados en su escaso metro cincuenta y cinco y su predilección por la comida, la llamaban "la gorda Cori". Cori nació en Guaymallén, provincia de Mendoza, el 24 de abril de 1951, y allí vivió hasta que toda la familia decidió trasladarse a Buenos Aires. Era la mayor de cuatro hermanos, y como buena primogénita, nunca se privó de provocarle incontables dolores de cabeza a Armando, mi abuelo, un cuadro militante del Partido Comunista que había pasado un tiempo en la cárcel durante el gobierno del General Perón. La política siempre fue tema de discusión en la casa, y desde chiquita, mientras sus amigas jugaban a la mamá o planificaban cómo sería su casamiento, Cori participaba en silencio en las reuniones del Partido Comunista que su papá organizaba en la casa, escuchando acaloradas discusiones sobre justicia social o sobre las condiciones objetivas de la revolución. Cuando toda la familia se instaló en Morón, en el Oeste de la provincia de Buenos Aires, su padre se dedicó a enseñar boxeo en un gimnasio del barrio, mientras ella iba al colegio Lasalle y destacaba, entre otras cosas, por sus buenas calificaciones. Con el tiempo, Cori comenzó a visitarlo en el gimnasio y a conocer a la gente que entrenaba allí. Era un barrio humilde, de casas bajas y monoblocks construidos con los planes sociales de los primeros gobiernos de Perón, y la mayoría de los pupilos de su papá eran peronistas. Corita despuntaba la adolescencia, que siempre comienza temprano en las chicas, y por aquel entonces la Argentina era un hervidero en el que se intercalaban sin cesar gobiernos democráticos débiles y condicionados por la proscripción del peronismo y gobiernos militares, que en la más pura tradición latinoamericana intervenían cada vez que los sectores dominantes del país lo solicitaban, cosa que sucedía con alarmante frecuencia.

La Argentina fue el primer país latinoamericano en instaurar el sufragio universal, en 1915, y sin embargo desde entonces sumaba más años de gobiernos militares o ilegítimos que de verdadera democracia. Desde el golpe de Estado que derrocó al segundo gobierno del general Perón en 1955, la participación del peronismo o sus adherentes en las elecciones estaba prohibida, impidiendo de hecho la representación política de la mitad de la población, y más particularmente de los sectores populares. Uno de los efectos inmediatos de esta situación fue el surgimiento de toda una generación de jóvenes para quienes la idea de la resistencia a las dictaduras no pasaba por la instauración de la democracia, vapuleada por los militares y limitada por la proscripción del peronismo, sino por la idea de la revolución, alimentada por el éxito de los diferentes movimientos de liberación en América Latina, especialmente la Revolución Cubana.

Cori, a pesar que desde hacía un tiempo participaba en las reuniones del Partido Comunista que su papá organizaba en la casa, al igual que tantos otros jóvenes de su generación se fue fascinando con la figura de Perón y sobre todo de su esposa, Evita. En la mesa familiar, no dejaba pasar ninguna oportunidad para cuestionar la postura de su padre, defendiendo al peronismo como el movimiento que podría garantizar al fin el acceso de los más desfavorecidos al gobierno de la Nación, culminando el proceso que, según ella y tantos otros, había sido interrumpido por la intervención de la irónicamente llamada "Revolución Libertadora" (o "Revolución Fusiladora", como se la conoció más adelante) en 1955. En medio de acaloradas discusiones en las que ella acusaba a su padre de defender ideas "caducas" y "perimidas", éste, falsamente enloquecido, se levantaba iracundo de la mesa amenazándola con buscar las palabras en el diccionario y, si se trataba de insultos, "hacerla cagar". Cori sabía que podía permitirse todo frente a su papá. No solo era la mayor, sino la preferida de los cuatro hermanos.

A medida que avanzaba en sus estudios, su compromiso con la militancia se fue volviendo cada vez más importante, y pronto asumió que el solo debate de ideas no llegaría nunca a nada, y que para cambiar realmente el curso de la Historia, con mayúsculas, y el destino político del país, era necesario participar activamente. Así comenzó sus incursiones en la villa Carlos Gardel, un asentamiento no muy lejos de su propia casa, poblado de viviendas de chapa y material y habitado por cientos de familias sin recursos, y, por ende, sin un acceso a la educación o a una conciencia social que les permitiese cambiar su condición. Desde la Juventud Peronista, que a pesar de las proscripciones trabajaba a nivel estudiantil, barrial y territorial, Cori dio sus primeros pasos en la militancia social activa, enseñando a coser a las mujeres del barrio, alfabetizando a hombres y ancianos incapaces siquiera de escribir sus nombres o contar los pocos billetes que ganaban, y organizando la villa en redes solidarias que permitiesen a sus habitantes defenderse y considerarse a sí mismos como un bloque.

Pero Cori misma no provenía de una familia acomodada, ni siquiera de una clase media que le permitiese dejar de lado todo por la militancia política, por lo que, en paralelo a estas actividades, entró a trabajar como administrativa en la fábrica de plásticos Strauss, también en la zona Oeste. Allí su fuerte personalidad y su determinación a no callarse nada la llevaron rápidamente a ser delegada sindical, y desde su escasa altura y su también escasa edad dejó un recuerdo imborrable entre quienes compartieron aquellos años con ella, hasta que fue despedida por los dueños de la fábrica por "militante". Pero no se fue sin antes haber conseguido, entre otras cosas, la instalación de una guardería a cargo de la fábrica para las madres que trabajaban allí. En esa guardería pudo entonces dejar durante algún tiempo a Eva, mi hermana mayor. La primera hija que tuvo con quien, desde el primer día, Cori definió como el amor de su vida: José María Donda, "el Cabo". Mi papá.

Si en la Argentina es costumbre nacional poner apodos o diminutivos a todo el mundo, en definitiva realizar grandes esfuerzos de creatividad para nunca llamar a las personas por su nombre, José María Donda era una expresión refinada de esta arraigada tradición: en su casa y en su infancia siempre sería Jose, sus amigos del Liceo Naval siempre lo habían apodado "Cabo", y en la militancia todo el mundo lo conocía como "Pato".

Mi papá era el menor de dos hermanos, en una familia originaria de Diamante, provincia de Entre Ríos. Hasta allí, donde alguna vez, poco más de ciento treinta años antes, se había declarado una República de Entre Ríos, donde poco después Urquiza se instaló para gobernar el país desde Paraná, y donde también gobernaba el peronismo, llegó también la intervención de la Revolución Libertadora. Y con ella, mi abuelo Telmo, que trabajaba para el Ministerio de Desarrollo

Humano y era delegado sindical, tuvo que ir a buscarse la vida a Buenos Aires cuando mi papá, nacido ese mismo año de 1955, tenía apenas unos meses. La diferencia de edad entre él y su hermano mayor, Adolfo, era de diez años, por lo que siempre estuvo a su cuidado, generando entre los dos una relación casi paternal que luego cada uno interpretaría a su manera. En aquel pueblo mi abuela Cuqui había escandalizado a todo el mundo cuando en su juventud se paseaba por las calles con sus batas de colores vivos y una modernidad difícil de sobrellevar en un pequeño poblado del interior.

Cuando por fin Telmo pudo instalarse en la provincia de Buenos Aires, se trajo desde Diamante a Cuqui y sus dos hijos. El primero en entrar en el Liceo Naval fue Adolfo, destinado desde el principio a una carrera en la Marina. Tanto él como mi papá siempre habían estado fascinados por aquella fuerza, por lo que la elección parecía natural en el caso de ambos, sobre todo teniendo en cuenta el ascendente paternal que Adolfo ejercía sobre su hermano pequeño. Pero todo comenzó a torcerse desde el ingreso de José María en el Liceo Naval: pronto, aquel a quien sus compañeros de generación siempre llamaron "el Cabo", un poco a causa de su eterno semblante de seriedad y sus silencios parcos, un poco por la costumbre que lo acompañaría siempre de fumar los cigarrillos cubriéndolos con la mano, como intentando ocultar la luz que despedía la brasa al cobijo de una trinchera, se alejaría del destino "natural" que le estaba asignado en la familia.

El Liceo Naval no era indiferente a los antagonismos que por aquel entonces habitaban la Argentina. Para cuando José María cursaba su primer año de estudios y Adolfo daba sus primeros pasos en la carrera militar, en los últimos cursos del Liceo despuntaba ya un sujeto con personalidad militante y afín al peronismo que intentaba organizar la Juventud Peronista en un ámbito por lo menos poco propicio. Se trataba de Julio César "el Boina" Urien, quien poco después, el 17 de noviembre de 1972, estando en aquel momento afectado en la Escuela de Mecánica de la Armada, decidió junto con otros marinos peronistas tomar la Escuela, con el objetivo tanto de garantizar que no hubiese sublevaciones militares contrarias a Perón como de manifestar su oposición al entrenamiento y organización que por aquel entonces ya preparaba la Marina, que no era sino la creación embrionaria de ios tristemente célebres Grupos de Tareas, conocidos como "patotas" o "grupos de la muerte" por aquellos que sufrieron en carne propia su accionar. El Boina y los otros marinos participantes serían expulsados de la fuerza por aquella operación, y Urien viviría los años del gobierno militar como preso a disposición del Poder Ejecutivo Nacional, un eufemismo utilizado durante la dictadura para calificar a aquellos pocos que, sin seguir necesariamente una lógica estricta, eran "blanqueados" por el gobierno militar como presos políticos y destinados a prisiones comunes en lugar de a los campos de concentración. De más está decirlo, esta condición no los eximía de la tortura, ni de, ocasionalmente, aparecer muertos a causa de algún supuesto "intento de fuga".

La caótica sucesión de acontecimientos en el país era el principal caldo de cultivo para el surgimiento de una conciencia diferente a la que marcaba la herencia familiar. Así, mientras terminaban los años sesenta y la dictadura comenzada en 1966 por el general Juan Carlos Onganía se debilitaba económica y políticamente, con rebeliones sindicales o estudiantiles como el "Cordobazo" o "La noche de los bastones largos", José María abrazaba definitivamente al peronismo, lo que por aquel entonces, sobre todo a nivel de las juventudes, era sinónimo de lucha revolucionaria. Junto con un grupo de compañeros del Liceo organizaron la Unión de Estudiantes Secundarios, que reunía a las organizaciones peronistas de los colegios porteños. Originariamente mi papá se unió a las Fuerzas Armadas Revolucionarias, que se dieron a conocer públicamente en 1970, con la toma por parte de un comando de la ciudad de Garín, en la provincia de Buenos Aires. Las FAR ejemplifican el pasaje de la izquierda revolucionaria al peronismo: inicialmente guevaristas y definidos como marxistas-leninistas, la resistencia armada a la dictadura de Onganía y lo que se conoció en su momento como la "masacre de Trelew" los fueron acercando al brazo armado de las juventudes peronistas, Montoneros, con los que se fusionaron en 1973 adoptando su nombre.

A medida que se instalaba la década del setenta, las relaciones entre mi papá y su hermano mayor eran cada vez más tensas, y las comidas familiares en la casa de Ciudadela eran el escenario de violentos enfrentamientos políticos que terminaban frecuentemente con José María estallando en llanto, incapaz de sostener el mismo nivel de agresividad de su hermano mayor, quien lo trataba con la deferencia de un padre a su hijo rebelde y adolescente. Tras aquellas acaloradas discusiones, mi abuela Cuqui consolaba a su hijo pequeño sintiéndolo impotente ante la personalidad de su hermano. Adolfo quizá acabó por sentirse avergonzado de su hermano el "zurdo" cuando José María optó al final del Liceo por la formación de Guardiamarina, en la Prefectura Nacional, lo que solía ser visto como una alternativa de segundo orden para aquellos que se revelaban incapaces de "bancarse" la carrera militar.

José María, cada vez más politizado, se identificaba entre los elementos perturbadores de la disciplina del Liceo Naval. La gota que rebalsó el vaso fue la llamada "huelga del sándwich", encabezada por mi papá y algunos de sus compañeros: cada día, a media tarde, los alumnos recibían un sándwich por parte de la institución. El grupo de los alumnos más politizados, hartos de comer el mismo sándwich de salchichón desde hacía quince días, organizaron una huelga para reclamar mayor variedad en los tentempiés, lo que los enfrentó abiertamente con las autoridades del Liceo. Esto le valió a mi papá un "castigo ejemplar" por parte de otros compañeros, antiperonistas, que aprovecharon la soledad compartida de los barracones en los que dormían para, durante una noche, golpearlo severamente entre varios. Estas actitudes fueron denunciadas, y el escándalo interno que suscitó la investigación provocó que su promoción nunca recibiera los diplomas que acreditaban la cursada del Liceo Naval, y aquel año fue el único en la historia de la institución en la que no hubo un acto de fin de curso.

Eran tiempos de compromiso político fuerte y sin concesiones. No bastaba con declarar sus posturas, ni con dedicarle algunas horas diarias a la militancia: José María vivía *en* la política, discutiendo y polemizando con cualquiera que estuviese dispuesto, y apoyando con cada uno de sus actos cotidianos su compromiso ideológico. En un ámbito estricto y encorsetado como el del Liceo Militar, José María se regodeaba paseándose ostentosamente con el libro de Juan José Hernández Arregui, *Peronismo y Socialismo*, prohibido por entonces. Quienes hoy me cuentan cómo era mi papá, aquellos que se atreven un poco a bromear recordando a la persona y no tanto a lo que representa, se permiten opinar que probablemente nunca lo haya leído: era simplemente su bandera, una forma de reafirmarse peronista y revolucionario en medio de quienes, veinte años atrás, habían derrocado a Perón. Mi papá y su generación atravesaron el Liceo Naval como la Promoción 22, y todavía hoy aquel número figura en la memoria de muchos de los que están allí, ya sea porque los conocieron, o porque siguen oyendo hablar de ellos.

Hoy, muchos de los que participaron de aquella inocente huelga se encuentran desaparecidos, y de aquel grupo que junto con mi papá crearon el Movimiento de Acción Secundaria (antecedente de la Unión de Estudiantes Universitarios) solo queda uno vivo, Raúl. Mi papá no tuvo esa suerte.

En aquella época, su militancia no se limitaba al Liceo Naval y la organización de la UES: con un grupo de compañeros se abocaron a la recuperación de espacios públicos trabajando en las reparaciones de la República de los Niños, construida en la zona de La Plata durante el segundo gobierno de Perón. La lucha política se endurecía y se radicalizaba, y en el interior mismo de las agrupaciones el debate era constante. José María integraba la tendencia más militarista, derrotada en el interior de la UES por la tendencia política. En 1972, ya plenamente integrado a la estructura militar de Montoneros, mi papá fue enviado a realizar trabajo de "territorio" en los barrios carenciados del Oeste de la provincia de Buenos Aires, en la villa Carlos Gardel. Sin embargo, no fue allí donde se conocieron mis padres, sino en la facultad:

mi papá había comenzado a estudiar Sociología en la Universidad de Buenos Aires y mi mamá Derecho. Por entonces ambas carreras se enseñaban en la misma sede de la Facultad de Derecho, sobre Avenida Figueroa Alcorta.

Nunca sabré cómo se conocieron realmente, ni en qué circunstancias: aunque ambos hacían trabajo territorial en la misma zona, mi papá era cuadro de la estructura militar, mientras que mi mamá, al principio, integraba la estructura de lo que se denominaba el "frente de masas". Lo que sí sé es que, como todo lo que era importante para mi mamá, se trató de una relación intensa y algo posesiva, en la cual aquel joven militante desgarbado, alto, flaco y tan torpe que se ganó el apodo de "Pato" (a cada paso, una cagada) entre quienes lo conocían, incapaces de aceptar que ni siquiera supiese andar en bicicleta, a los ojos de ella era poco menos que un héroe y un Adonis ante cuyo magnetismo nadie, ni siquiera los hombres, podía resistirse.

Eran la pareja dispareja: Cori chiquita, apasionada y algo gordita, el Pato alto, torpe y pausado. Mi papá era para ella el hombre más hermoso del mundo, y no había quién le quitase de la cabeza que todas las mujeres, tarde o temprano, intentarían robárselo. Con su actitud algo sumisa ante ella y como concentrado en cosas que sucedían más allá, mi papá aguantaba las estocadas de Cori con estoicismo, y seguramente también orgulloso de sentirse amado tan incondicionalmente. Sus celos llegaban a niveles muy altos, como cuando la Negrita, una compañera de militancia cuya pareja había sido secuestrada por la Triple A, tuvo que esconderse en su casa por un tiempo. Estaba tan nerviosa y desesperada que le había dado una úlcera, y mi mamá, que solo veía en ella una mujer que buscaba robarle a su pareja, se dedicaba a cocinarle guisos y agregarle más picante al plato de la pobre chica, que no entendía cómo se sentía cada vez peor.

Pero Cori y su familia también eran para mi papá un espacio de libertad y relajación, una familia con la cual se sentía cómodo, donde podía sacarse la camisa en cuanto cruzaba la puerta de entrada y sentirse como en su casa. Mientras que en su verdadera casa, en la que a pesar del peronismo de su padre triunfaba la visión conservadora de las clases medias y las discusiones eran cada vez más frecuentes, se sentía fuera de lugar y permanentemente crispado.

El año 1973 estuvo repleto de cambios y expectativas: la dictadura finalmente cedió su lugar con un llamado a elecciones, en las que primero Cámpora y después Perón inaugurarían el tercer gobierno peronista veinte años después de su derrocamiento y exilio en España. Fue también el año de la masacre de Ezeiza con la vuelta de Perón, a la que Cori y Pato fueron llenos de esperanzas y volvieron repletos de magulladuras y dudas. La ebullición que se sentía por todas partes también se hizo presente en ellos y aquel año finalmente se casaron. Solo en ese momento don Armando supo que Pato era tres años más joven que Cori, y que había tenido que presentar un permiso especial firmado por su padre, al ser menor de veintiún años. Esa boda también puso en evidencia las contradicciones de la relación entre los dos hermanos: a pesar de estar claramente enfrentados, a pesar de las diferencias de edad que limitaban la comunicación, Adolfo Donda fue el padrino de la boda entre su hermano y Cori. Tan solo cuatro años después, ocuparía un rol dirigente en el centro clandestino donde torturarían y asesinarían a mi mamá. A su cuñada.

La situación política en la Argentina era cada vez más el escenario de un enfrentamiento abierto entre la izquierda y la derecha, también al interior del propio peronismo, y las figuras de López Rega y la Triple A se instalaban, junto con el propio Perón, en la vereda opuesta de las juventudes de Montoneros. Por aquel tiempo se dio el paso definitivo a la clandestinidad de la organización guerrillera, y la vida de mis papás, junto con la de miles de jóvenes y no tan jóvenes en todo el país, daba un vuelco definitivo.

El ambiente se enrareció todavía más al año siguiente, en el acto del 1° de mayo frente a la casa de Gobierno en el que Perón, tras acusarlos de "estúpidos e imberbes", provocó la retirada de la columna de Montoneros, con el consiguiente e impresionante vaciamiento de un tercio de la histórica Plaza de Mayo. Apenas dos meses después Perón fallecería, dando vía libre a vencer las escasas resistencias que aún existían al interior del peronismo para dar caza a la misma juventud que, dos años antes, había sido definida como la "cuarta pata" del movimiento peronista.

Para principios de 1976 el gobierno de Isabel Perón ya había solicitado a las Fuerzas Armadas ocuparse de la represión de los movimientos guerrilleros, y la escalada de violencia era imposible de detener. Por aquellas épocas Cori y el Pato ya se habían acostumbrado a vivir con las persianas bajas, aunque nada de ello le impidió a mi mamá expresar su felicidad cuando por fin, con algunos ahorros y la indemnización que había obtenido de su despido de la fábrica Strauss, pudieron comprarse una casa, siempre en la zona Oeste, siempre cerca del barrio Carlos Gardel. Allí compartirían muchos ratos agradables con la Pochi y el Coco, un matrimonio de vecinos que siempre les daban una mano cuando la necesitaban.

En esa casa —donde nada lograba minar la confianza en que se terminaría con la victoria y en que la historia estaba de su lado—, mis papás tuvieron a mi hermana mayor, a la que llamaron Eva en honor de Evita, festejando el mundo socialista e igualitario en el que le tocaría vivir. Felices y orgullosos le cantaban, como canción de cuna, el *Himno de los trabajadores*: "Nuestro pavés no pasarás / atrás, atrás, chancho burgués". En esos momentos ellos participaban en operativos comando como el secuestro y fusilamiento de un oscuro funcionario policial al que llamaban "Sombrerito" a causa del birrete que le gustaba llevar puesto, del ejército alemán, mientras extorsionaba y abusaba de los habitantes de la villa Carlos Gardel. No faltó tampoco alguna situación tragicómica, como cuando don Armando terminó obligando a su hija a llevarse un gigantesco bolso marinero lleno de armas que ella había escondido en casa de sus padres. Sus hermanas la encontraron en la calle, intentando arrastrar enojadísima el bolso que era casi más grande y seguramente más pesado que ella, mientras les gritaba:

—¡Cagones! ¡Son unos cagones!

Casi imperceptiblemente, la situación se fue volviendo más y más hostil: vivían escondidos, compartían casa entre varios, y el Pato, que ocupaba un cargo de responsabilidad en la columna de Montoneros, parecía más serio que de costumbre ante la cantidad de compañeros que habían "caído" y la velocidad con la que lo habían hecho. Para colmo, mi mamá estaba otra vez embarazada, y esta vez se trataba de mí. Para entonces no tuvieron más remedio que dejar a Eva en lo de la mamá de Cori, pensando que la recuperarían cuando las cosas se calmaran. Era 1977, se cumplía un año

40

del comienzo de la dictadura y las historias de torturas y muertes aumentaban cada día.

Cuenta Pochi, la vecina, que aquel día de marzo de 1977 mi mamá pasó por su casa antes de acudir a una "cita", a tomarse un mate y descargarse un poco. Estaba preocupada, se le notaba en el rostro y en el ánimo, menos burbujeante e intenso que de costumbre. Cuando se despidieron, Pochi se sorprendió y sintió que algo malo estaba pasando. Pocas horas después sus sospechas se harían realidad al ver entrar a mi papá, preocupado y abatido.

—Se la llevaron a Corita, Pochi —le dijo sin mirarla—. Vine a despedirme.

—¿Pero qué pasó? ¿A dónde vas?

—Nos vendió mi hermano. La estaban esperando en una cita en la estación de Morón. Yo no puedo quedarme acá.

El mismo hermano que lo había protegido toda su vida, el que había sido padrino de su boda y el que incluso llegó a ofrecerles la posibilidad de irse del país, había terminado por ceder a lo que los separaba, había obedecido órdenes y había dado la clave para agarrar a mi papá: su cuñada.

Esa tarde de mediados de marzo, el calor era sofocante en los alrededores de la estación de trenes de Morón. Mi mamá llegó un poco antes a la cita, en parte por los nervios y en parte para verificar que no hubiera nada raro en los alrededores. Llegó a ver a la persona con la que se había citado, pero antes de que pudiesen decirse nada se supieron rodeados, y pronto un grupo de tareas los tenía en sus manos. Los golpearon, les pusieron un saco negro en la cabeza y los subieron a un camión. Era un comando de la Fuerza Aérea. A él lo ubicaron en la parte trasera, mientras que a mi mamá la ubicaron en la cabina, entre el conductor y un soldado conscripto. Al detenerse en el semáforo, frente a una gran avenida, el compañero de mi mamá aprovechó para saltar del camión y salió corriendo como pudo, mientras los miembros de la "patota" salían en su búsqueda. También bajaron de la cabina el conductor y el conscripto, por lo que mi mamá, embarazada como estaba, aprovechó para salir corriendo ella también, en dirección contraria. Corría desesperadamente y seguía las vías del tren esperando encontrarse con una estación y un tren salvador esperándola. Mientras avanzaba, se rompió el tacón de uno de sus zapatos. Sin detenerse, se los sacó y siguió corriendo descalza en un intento desesperado por salvarnos a ambas, hasta que escuchó disparos detrás de ella: habían matado a su compañero. Rápidamente volvieron a caer sobre ella, y esta vez ya no consiguió escaparse. La primera parada de su secuestro fue la comisaría N° 3 de Castelar, por donde pasaban los "chupados" de la Aeronáutica en la zona Oeste. Allí, entre torturas y vejaciones, la tuvieron unos tres meses.

Algunas semanas después, mi abuela Leontina, la madre de Cori, recorrería los andenes de la estación de trenes de Ramos Mejía buscando cumplir el último deseo de su hija: le había pedido que si alguna vez le pasaba algo buscase al músico ambulante que solía pasar allí sus tardes y le pidiese que tocara "su" canción, un valsecito peruano llamado, precisamente, *Hilda*. Con lágrimas en los ojos, Leontina comenzaba una lucha incansable por recuperar a su hija y a su nieto sin nacer. Poco tiempo después, junto con otras once mujeres a quienes también les habían arrebatado sus hijos y sus nietos en el mismo movimiento, fundarían la asociación Abuelas de Plaza de Mayo. En plena dictadura y corriendo riesgos que aquella discreta ama de casa nunca hubiese imaginado, Leontina levantaría la misma bandera que su hija había enarbolado y continuaría una lucha que, por canales y mediante métodos diferentes, buscaba lo mismo que había perseguido siempre su hija: justicia.

Pero al comprender que mi vida ya cambió,
fuiste Hilda tú mi tentación,
fuiste Hilda tú la que dejaste en mi ser,
honda desesperación.

Del secuestro de mi papá no se sabe casi nada: el mismo día que secuestraron a mi mamá él pasó por la casa de la Pochi para despedirse, y luego se dirigió a la zona donde habían "levantado" a Cori. Preguntó entre los vecinos e hizo averiguaciones, y pudo reconstruir el secuestro hasta el momento del intento de escape de mi mamá. Caminando sus mismos pasos, llegó a una plaza en la cual, arrojados con prisa contra algún arbusto o simplemente junto a algún árbol, encontró sus zapatos. No sé si lloró, si gritó o si actuó en silencio, pero esa noche, en los alrededores de la estación de trenes de Morón, los vecinos se sobresaltaron mientras mi papá, preso de la furia y la impotencia, vaciaba el cargador de su pistola en el aire.

A partir de este momento, todo lo que sé de mis padres y el destino que corrieron se fragiliza, apenas sostenido por declaraciones cruzadas de testigos y gente que los conoció: un puñado de sobrevivientes, víctimas de torturas y vejaciones indecibles que hoy emergen de ese mundo secreto y paralelo de los Centros Clandestinos de Detención, práctico eufemismo para referirse a lo que no eran sino campos de concentración y de muerte.

Tras conseguir esconderse durante un tiempo, mi papá es secuestrado por la Fuerza Aérea alrededor del mes de mayo, aunque poco se sabe exactamente. En aquellos tiempos solo lo vio alguna vez mi abuela Cuqui, a quien citaba lejos de su casa y en secreto, en los alrededores de la Basílica de Luján, para verse durante apenas diez minutos. Quizás en algún momento de desesperación contactó a su hermano para pedirle que hiciese algo por mi mamá. Quizá fue por eso que cayó.

Según coincidieron en sus declaraciones dos sobrevivientes que pasaron por la comisaría 3° en aquel momento, es probable que Cori y el Cabo hayan coincidido por última vez en aquel tétrico lugar: de los dos, aquel que resultaba verdaderamente importante para los militares, por el rol que desempeñaba en Montoneros y por la información que creían poder sacarle, era mi papá. A mi mamá la "chuparon" probablemente como medio de acercarse a él, y por haber estado en el lugar equivocado a la hora incorrecta. Una mañana, vinieron a buscarla y la llevaron al tercer piso de la comisaría, lugar en el que se realizaban los interrogatorios. Pero esta vez no se trataba de eso, sino de un careo: querían ponerla frente a frente con un "detenido" para clarificar sus sospechas respecto de su identidad, y creían que mi mamá lo conocía. Mi mamá debe haber entrado en esa siniestra habitación mal iluminada y con olor a miedo, y durante un instante cruzó su mirada con la del hombre que más amaba en este mundo, aquel que creía capaz de conquistar a las mujeres más bellas. El padre de Eva, y el mío, ya que en ese momento el embarazo de mi mamá se acercaba a su término. Pero no se le movió un músculo de la cara, y a él tampoco. No se reconocieron. No se dijeron nada, y lograron engañar a sus torturadores, aunque fuese por un momento. Aquella fue la última vez que se vieron antes de morir.

Probablemente a mi papá lo hayan enviado después a la Mansión Seré o a Campo de Mayo, pero no hay sobrevivientes ni testimonios que puedan certificarlo. Solo queda de él una carta escrita por su puño que llegó a manos de mi familia materna, y que nadie puede evitar sospechar que fue dictada por sus secuestradores. Quien trajo la carta fue mi abuela Cuqui:

> (…) *sin saber de los vejámenes que estará sufriendo mi esposa, ni si mi hijo habrá llegado a nacer o no, sufro de pensar en lo que ella debe estar pasando. Únanse las dos familias, terminen de criar a mi hija, traten de ayudarla a Cori. Hablen con Donda.*

Y hablaron con Donda, con su hermano Adolfo. Una y otra vez intentaron acercarse, pedirle que los ayudara. Y una y otra vez él los rechazó, diciendo que no sabía nada, a pesar de saberlo todo. Un día, tras la muerte de mi abuela Cuqui, decidió que no había sido suficiente con mi vida, la de mi papá y la de mi mamá, y que también quería la vida de Eva. Y la obtuvo, pero para aquello aún faltaba mucho.

Muy poco tiempo después del frustrado careo, Cori fue trasladada al que sería su destino final: el centro clandestino de detención de la ESMA, dirigido directamente por el comandante en jefe de la Marina: Emilio Massera, el "Almirante Cero". En este lugar descollaron en el arte de la tortura, la extorsión y los robos, siniestros y conocidos personajes como el capitán Jorge "El Tigre" Acosta, Alfredo Astiz, Roberto Scilingo, Rubén Jacinto Chamorro y, por supuesto, el joven capitán de fragata a cargo de la sección Operaciones del Grupo de Tareas 3.3.2: Adolfo Donda.

La ESMA era uno de los centros clandestinos de detención más importantes de la dictadura, y se calcula que por sus calabozos pasaron unas cinco mil personas, de las que apenas sobrevivieron unos pocos. Perfectamente organizada, como todo el sistema represivo montado por los militares, su funcionamiento estaba dividido en diferentes áreas, específicamente destinadas al secuestro y tortura, al robo de propiedades y posesiones de los secuestrados o a la contrainteligencia, utilizando como mano de obra esclava a los propios secuestrados según los necesitasen. Por sus salas de torturas pasaron figuras como Norma Arrostito, una de las primeras jefas de Montoneros, las monjas francesas Alice Domon y Léonie Duquet, la Madre de Plaza de Mayo Azucena Villaflor, y el periodista y dirigente Montonero Rodolfo Walsh, este último ya muerto al entrar a la ESMA.

Allí funcionaba también lo que era la luz de los ojos y el mayor orgullo de Rubén Chamorro: la Sardá. Bautizada así en honor a la maternidad más importante de Buenos Aires, la "Sardá de la ESMA" era un cuartucho de no más de 2x1 a donde llegaban las secuestradas embarazadas desde los diferentes campos de concentración para dar a luz y no volver a ver nunca más a sus hijos. Los secuestrados vivían, eran torturados y trabajaban en el mismo espacio, el ático del Casino de Oficiales, un piso en forma de herradura de techos abuhardillados y sin ventanas, de donde colgaban cada pocos metros lamparitas peladas y de poca potencia que apenas bañaban con una luz amarillenta y mortecina los cuerpos hacinados de los prisioneros. Dividido en dos partes iguales, en una de las "eles" que se formaban dormían los prisioneros unos contra otros, sin poder en ningún momento (incluso durante años) sacarse el saco de tela negro que les cubría la cabeza. En otra muestra más del humor y la imaginación castrense, esta zona del edificio se llamaba "Capucha". El otro lado de la herradura se lo dividían entre el "Pañol", donde se conservaba el botín de guerra recuperado de las casas de los secuestrados, y un improvisado centro de trabajo donde ciertos prisioneros pasaban su día traduciendo noticias, falsificando documentos o realizando tareas administrativas, separados entre ellos y visibles en todo momento dentro de las estructuras de metacrilato que conformaban el lugar y que daban lugar a su nombre: la "Pecera". Sobre el ático, en una reproducción en miniatura del piso inferior donde se localizaban los dos tanques de agua que abastecían el edificio, funcionaba "Capuchita". Allí vivían y eran torturados los secuestrados por otras fuerzas pero que, por una razón u otra, eran mantenidos en la ESMA. Los prisioneros recién llegados tenían derecho a un primer paso por el sótano, donde se realizaban las primeras torturas que definirían la utilidad de mantener vivo al secuestrado y las tareas que se le adjudicarían, si había que seguir torturando o si de momento era suficiente. Aparentemente el día que Cori llegó a la ESMA tuvo suerte, ya que era el turno de la guardia a la que los secuestrados llamaban Alfa, la menos violenta de las tres. En orden de brutalidad creciente, le seguían Beta y Charlie. Dado que estaba embarazada y cerca de su término, no la llevaron a Capuchita, sino que fue a parar con el resto de los prisioneros al ático del tercer piso. Allí tuvo derecho a su primera comida, el "bife naval": un nuevo eufemismo, esta vez para referirse a una mandarina.

A pesar de las torturas, a pesar de los meses de secuestro y humillaciones, a pesar de su embarazo y a pesar de no haber podido siquiera abrazar a su esposo teniéndolo frente a ella, mi mamá no había perdido ni una pizca su carácter y su fortaleza, y no quiso comer, regalándole su mandarina a la jovencita acostada a su lado y con la que pudo cambiar sus primeras palabras.

Todavía no existía lo que luego sería el "cuarto de las embarazadas", por lo que mi mamá compartía el espacio con más de doscientas personas a las que no podía siquiera mirar el rostro. Como todo lo que sucedió en los centros de detención, cómo vivió allí mi mamá sus últimos días es un misterio. Lo único que me queda son retazos de historias, de anécdotas, siempre veladas por la imposibilidad de los propios sobrevivientes de expresar plenamente lo que sufrieron y vivieron, y veladas también por la discreción que se impone antes de contar lo indecible para quien no esté preparado a escucharlo. Quizá por estar embarazada, o quizá por una perversa concepción del "trato de favor" que le correspondía por ser la cuñada de "Palito" o "Jerónimo", como se lo conocía a Adolfo Donda, mi mamá tenía derecho a dos mandarinas en lugar de una y, de tanto en tanto, le permitían comer dos veces por día.

Un día de julio o agosto de 1977, en el minúsculo cuartucho de la "Sardá", mi mamá dio finalmente a luz. El parto fue asistido por el ginecólogo del Hospital Naval Jorge Luis Magnacco, y ayudando a mi mamá estuvo Lidia, apenas una adolescente de diecinueve años que, en ese instante, veía por primera vez nacer a un bebé. A todas las madres secuestradas que parían en la ESMA se les hacía escribir una carta a su familia en la que debían informarles del nacimiento y solicitarles que se hiciesen cargo del bebé. De más está decir que esas cartas nunca llegaban a destino, de la misma manera en que las familias nunca sabrían si el bebé había nacido, si vivía o dónde estaba. El cinismo con el que se manejaban los militares ya era conocido por sus víctimas, que habían aprendido que "traslado" significaba asesinato, "bife" mandarina o "máquina" picana eléctrica, y por ello Cori siempre supo que su mamá Leontina, quien por ese entonces agotaba recursos de hábeas corpus y llamados telefónicos al hermano de su yerno, jamás recibiría la carta.

Sabían que los bebés no llegaban a las familias, pero por entonces eran incapaces de sospechar el sistema perfectamente aceitado que había sido establecido por los militares, que ofrecían a los bebés recién nacidos de los secuestrados a familias de militares o de simpatizantes del régimen, quienes incluso podían inscribirse para ello en una lista de espera del Hospital Naval. En aquel momento, en su inocencia y su ignorancia del verdadero alcance de lo que vivían, Lidia y Cori improvisaron un plan: utilizando la aguja y el hijo azul para suturas que había sido traído en previsión de algún desgarro vaginal, cosieron dos tiritas de hilo en las orejas de la niña recién nacida. Quizá confiaban en que el bebé fuese a parar a la Casa Cuna como una niña abandonada, y que en el futuro, cuando alguna fuese liberada, podrían utilizar aquel simbólico signo descriptivo para encontrar a la nena, y poder contarle quién era realmente. Sucia, llena de lastimaduras y cicatrices más o menos recientes que testimoniaban sus últimos cuatro meses de vida, Cori no cedía un ápice en su confianza eterna, en su fuerza y seguridad de que, más tarde o más temprano, ellos triunfarían, y los militares deberían irse por la misma ventana por la que habían llegado. Me llamó Victoria, y durante unos días pudo creer que la recién nacida era un signo de que las cosas empezaban a cambiar.

Quince días después el subprefecto Héctor Febrés, a quien los detenidos apodaban "Selva", por ser "el más bestia de todos los animales" y que estaba a cargo de la maternidad de la ESMA, apartó a la bebé del lado de Cori y se la llevó junto con la carta. Lo último que se supo, gracias a una denuncia anónima radicada en la sede de Abuelas de Plaza de Mayo, es que una noche Febrés llegó a la casa de un empleado de la Prefectura que acababa de tener un hijo, llevando consigo a una nena que no paraba de llorar, para que la reciente madre la amamantase. Esa bebita tenía unos hilitos azules cosidos en los lóbulos de las orejas. Gracias al trabajo de Magnacco, que estampó su firma en la falsa partida de nacimiento de quien a partir de entonces se llamaría Analía, fui dada en adopción a un matrimonio humilde, conformado por Graciela, ama de casa, y Raúl, un suboficial de la Prefectura y buen amigo de Febrés, que por entonces despuntaba colaborando en diferentes tareas que requerían "mano dura" en la ESMA. Así nacía Analía, y Victoria era condenada a desaparecer, como su papá y su mamá, hoy parte de las incontables listas de familiares y amigos que asumimos muertos, pero de quienes nos niegan la posibilidad del duelo.

¿Cuál fue la verdadera implicación de Adolfo, mi tío, en el secuestro y la desaparición de su hermano y su cuñada, y en la apropiación que se hizo de su sobrina? Si algún día la verdad termina de surgir completa, no será gracias a él, que desde su celda de cristal en la que permanece prisionero se niega a verme alegando que no soy parte de la familia. Pero Donda era un peso pesado del Grupo de Tareas, y nada sucedía sin su previo conocimiento. Por lo tanto aquel miércoles de 1977, cuando como todas las semanas se decidía qué prisioneros serían "trasladados", él estuvo de acuerdo con el traslado de mi mamá. Él permitió que, con la cabeza cubierta y grilletes en las muñecas y los tobillos, la descendieran al sótano, cuando apenas podía andar debido a lo reciente del parto. Él permitió que ingresara en la enfermería, donde "Manzanita" o algún otro de los asesinos que allí pululaban le inyectase una dosis de Pentotal, o "Pentonaval", como lo denominaba el siempre sarcástico humor castrense por ser la anestesia preferida de los marinos. Y él continuó con su vida y con su conciencia, mientras el camión militar partió rumbo al puerto cargado con prisioneros sedados, cuando la subieron al avión Fokker que despegó de noche, y cuando desde lo alto del río de la Plata, viva e incapaz de defenderse, la lanzaron al vacío.

Tiempo después, otra de las pocas sobrevivientes de la ESMA tendría el dudoso privilegio de ser interlocutora de uno de los convencidos monólogos de "Palito", donde se jactaba satisfecho de quién era y de lo que hacía:

—Esta es una guerra. Y en una guerra no se puede ser piadoso con el enemigo. No lo fui con mi propio hermano, que era monto. No lo fui con mi cuñada, que estuvo chupada como vos acá en la ESMA. Y fue trasladada, como lo vas a ser vos si no hacés los deberes. No tuve ningún tipo de condescendencia ni culpa, porque esta es una guerra y ellos estaban en el otro bando. Es así la cosa: o ganamos nosotros o ganan ustedes. Así que más vale que vayas largando lo que tengas…

II. Infancia

E l sur de la provincia de Buenos Aires, atravesado de punta a punta por las viejas vías del Ferrocarril General Roca, se extiende a lo largo de decenas de kilómetros fuera de la Capital Federal, y como la mayor parte de los conurbanos en el mundo, presenta una serie de círculos concéntricos en los que una clase media no capitalina va cediendo el paso, estación tras estación del mítico tren, a zonas cada vez más despobladas y de menos recursos, salpicadas aquí y allá por enormes villas miseria que parecen recordar a todo el que pasa por allí que la Argentina es y será un país que avanza (o retrocede) a dos velocidades, sembrando ante cada avance social o económico una marginalidad tan incontrolable como difícil de soportar.

En el límite virtual que separa el primero del segundo de estos círculos concéntricos de clases sociales, entre los barrios de Berazategui y Florencio Varela, pasé la primera parte de mi vida hasta los doce años. Parecerá un detalle menor, pero todavía hoy, después de ya cuatro años y tras todo lo que cambió para siempre en mi vida, cuando pienso en el lugar donde pasé mi niñez, se me atascan los recuerdos en la garganta: toda mi vida definí aquel lugar como el barrio donde "nací", aquella familia como la mía, aquella etapa de mi existencia como una más entre tantas otras vidas de tantas otras personas. Y mientras escribo esto, mientras vuelco letra tras letra y palabra tras palabra lo que recuerdo de mis primeros años, la palabra "nacer" parasita ese recuerdo, privándolo de sentido. La niñez es quizá la etapa por excelencia en la vida de las personas en la que nada puede ser puesto en cuestión, en la que la existencia viene "dada" por una experiencia cotidiana en la que todo son valores seguros: familia, amigos, pertenencias. Contar aquel momento a través del filtro de una verdad revelada años después no sería ni justo ni honesto, y por más complejo que pueda parecer hacer referencia a aquellas cosas como integrando una verdad incuestionable, lo cierto es que así fue como las viví. Aquellas calles de Berazategui, con sus veredas sembradas de pasto y las hileras de plátanos o tilos bajo cuya sombra los vecinos se protegían del violento sol que alumbra Buenos Aires, forman parte de mi vida. Como Analía forma parte de mi vida. Una parte que, por más conciencia que hoy tenga sobre los avatares que me colocaron en aquel momento y en aquel lugar, sigo considerando verdadera.

Como le sucede también a la mayor parte de las personas, los recuerdos de mi infancia son fragmentarios, casi como pequeños frescos o fotografías que retratan más las sensaciones que los hechos, siempre maquillados por una imaginación que a esa edad suele amalgamarse a lo real para construir un todo tan incierto como indiscutible. Por eso mi niñez sigue siendo, a pesar de todo, un período de grandes espacios, de pequeñas aventuras, y una etapa en la que, sin dudas, comenzaba a forjarse una personalidad que en aquel momento parecía inexplicable, y que hoy se encuentra reflejada en el recuerdo recuperado de Cori, mi mamá.

No creo que nunca nadie se hubiese animado a incluir entre las palabras que pudiesen definirme por aquel entonces términos como "dócil" o "tranquila". Mi comportamiento era exactamente el contrario: sin llegar a ser inmanejable, pero sin jamás privarme de generar disgustos a quienes me rodeaban, probablemente la mejor definición que pudiese hacerse de mí en aquellos años era "varonera". Concepto tan difundido en la Argentina como poco claro en cuanto a lo que abarca, una chica varonera es simplemente alguien poco dispuesto a la sumisión, más entusiasta con los juegos físicos que con reunirse a tomar el té en pequeñas tacitas de plástico entre nenas. Siempre fue más fácil para mí relacionarme con los chicos que con las chicas: no solo porque con ellos podía ensuciarme, tirarme al piso o trepar a los árboles como uno más, sino porque mi conciencia de pertenecer al "sexo débil" me permitía dominar a mis amiguitos a mi antojo. Podría decir que desde pequeña supe elegir las ventajas de cada sexo y descartar los inconvenientes, en una suerte de juego de equilibrio que todavía me dura: raro será el día en que se me vea en una manifestación o actividad militante sin llevar mis sempiternos zapatos de tacón y mis inmensos aros que siempre parecen querer recordarme los hilitos azules con los que mi mamá intentó identificarme, pero nunca seré la primera en rehuir un enfrentamiento, y siempre estaré en primera fila a la hora de "dar y recibir".

Aquellos fueron años en los que la persona a quien ahora llamo Raúl era mi papá, y en los que llamaba mamá a su

55

esposa Graciela. De todo aquello, de esa familia que durante tanto tiempo fue la mía, quedan hoy los sentimientos que no puedo ni quiero negar, y que me guardo para mí por la sensación de nunca poder compartirlos con nadie, o tan siquiera verbalizar sin sentir que, en algún punto, al quererlos traiciono mis propias convicciones. Quizá la única relación que conservo inmutable desde aquellos tiempos, incapaz de ser disuelta por dictámenes judiciales o valoraciones públicas, es la que tengo con mi hermanita, Clara. Es cierto que hoy ya no compartimos ni genes, ni sangre, ni familia. Tan cierto como que nada de eso cambia el cariño que le tengo y mi eterna necesidad de protegerla. Hoy compartimos una historia, una historia que nos supera y que nos coloca, a nosotras y a nuestros verdaderos padres, en el rol de víctimas. Pero mi deber sigue siendo protegerla, y amparándome en ese destino común que nos une más de lo que cualquier lazo biológico podría jamás hacerlo, decido excluirla de esta historia, en la medida de lo posible. Clara necesita de mi apoyo y comprensión, como siempre. Y la mejor manera de apoyarla es excluirla de estas páginas. A ella le corresponderá decidir cuándo y cómo contar su historia.

Aquellos eran momentos que recuerdo como de plenitud y despreocupación, correteando con amigos y amigas por las calles jugando a los Ángeles de Charlie, o yendo a pasar las tardes de los fines de semana a casa de mi abuela en el barrio de Lanús, donde siempre me esperaba predispuesto a acompañarme Mario, uno de los tantos novios que adornaron mi infancia y con el que recorríamos las calles de la zona, despreocupados y creyéndonos adultos, tomados de la mano.

Y una vez más, casi como una constante en mi vida, Mario es un nombre que me viene a la mente, de la misma manera que tantos otros se han borrado y sus rostros se han difuminado en la niebla de la edad adulta. Pero Mario no era el único, probablemente ni siquiera el más importante: mis relaciones con los hombres han sido funcionales desde niña, y nunca me he privado de estar rodeada de la mayor cantidad posible de ellos. Así, Mario compartía mi exclusividad con otros dos novios, que no han tenido la fortuna o el privilegio de quedar retratados en mi memoria con nombre propio, aunque siguen allí.

Uno de ellos era vecino de mi casa: vivíamos en una zona de clase media, en un pequeño barrio de monoblocks de cinco pisos y paredes amarillas desgastadas, y aquel chico se ganó el privilegio de ser mi novio con una insistencia y una caballerosidad tan impropias de un nene de siete años como escasas en la mayoría de los adultos. Cada vez que venía a buscarme para ir a pasear juntos, se tomaba el esfuerzo de recoger algunas flores del jardín de abajo y envolverlas en una hoja de cuaderno, regalándomelas cada vez como si en aquel acto se reafirmase nuestro compromiso. El tercero en discordia se llamaba quizá Gustavo, o Gonzalo. Ya no logro recordarlo pese a que, de los tres, era aquel que compartía mi vida cotidiana, en la escuela. Al igual que muchas familias de clase media del conurbano bonaerense, la mía me había inscripto en una escuela religiosa, aunque mixta, cuyo original nombre era "Sagrado Corazón". En un país en el que la educación pública ha sido poco a poco abandonada por el Estado, y donde ese proceso degenerativo se hace sentir con mucha más fuerza en el conurbano que en la ciudad de Buenos Aires, para familias en una posición como la mía las escuelas religiosas eran y son la única posibilidad abordable para acceder a una educación correcta sin hipotecar el futuro económico. Y en el Sagrado Corazón, a pesar de su condición de escuela mixta, el costado religioso y represivo era claramente predominante. Quizás era precisamente por eso que también tenía un novio en la escuela: pocas cosas recuerdo con más placer de aquel lugar que los ataques de furia de la madre superiora que regía la escuela al verme agarrada de la mano de mi novio y compañero de grado. A los siete años y ya con ese tipo de pecados en la cabeza y en los actos, de saber quién soy hoy en día, no me caben dudas de que la madre superiora confirmaría sus sospechas de que mi destino era su personal visión del infierno, ganado a pulso por su también peculiar visión del pecado.

Sin embargo, también es justo decirlo, mi rebeldía y mi tendencia a hacerme notar no siempre me jugaron en contra en la escuela: en primer grado, en uno de esos milagros que sólo la educación es capaz de ofrecer, mi maestra decidió aplicar conmigo una suerte de psicología inversa, aunque quizá se trató simplemente de un acto de fe. La cuestión fue que a partir de aquel momento me convertí en el personaje principal y representante de los alumnos en todo acto oficial que se organizase en aquel extraño edificio que sólo se diferenciaba de una oficina por las inevitables cruces e imágenes de santos que poblaban, sin excepción, todas sus paredes. Días de la bandera, obras de teatro, espectáculos musicales, festividades religiosas... puesto que la chica más histriónica posible se encontraba entre los alumnos, no había más que ponerla sobre la escena. Al menos, me digo hoy, ya que Raúl y Graciela no tenían demasiados motivos académicos para estar orgullosos de mí, aquella situación les permitió durante un tiempo henchirse de orgullo mirando a "su" hija en escena.

Sin dudas, aquellas fueron épocas de una felicidad plena solo posible para los niños pequeños, por cuanto la realidad que me rodeaba no podía aún ser leída a través del prisma de una mínima experiencia. Y aunque por entonces Analía, sus padres, su hermanita y sus vidas cotidianas constituían una realidad incuestionable, en el seno de mi verdadera familia, aún por ser revelada, se instalaban las bases para una nueva hecatombe.

Tras su participación indiscutida en el secuestro, desaparición y tortura de su propio hermano y su cuñada, tras la entrega de la menor de sus sobrinas a uno de sus colaboradores, al capitán de navío Adolfo Donda Tigel, alias "Palito", alias "Jerónimo", solo le quedaba un objetivo por cumplir: apropiarse de mi hermana Eva.

Mi tío supo hacer carrera durante los años en los que ejerció de torturador en la ESMA: desde el principio de la represión integró la jefatura del Grupo de Tareas 3.3.2, la "patota" a cargo del secuestro de los objetivos marcados por los altos mandos de la dictadura, y en los últimos años de ésta llegó a ser designado jefe de inteligencia del comando, cargo que compartía con otro conocido torturador, Miguel Ángel Benazzi, alias "Manuel". Por sus manos pasaron las monjas francesas Léonie Duquet y Alice Domon, Carlos Lorkipanidse, Víctor Fatala y muchos otros que nunca podrán testimoniar al respecto. Durante los años posteriores al secuestro de mi mamá, la fractura dentro de las dos familias comenzó a ensancharse, y el lugar por el que se rompió definitivamente fue mi hermana. Cientos de veces los hermanos de Cori se acercaron a mi tío pidiéndole ayuda, confiando en que, si detrás de su eterna y cínica sonrisa se escondía algún tipo de sentimientos, sólo él podría hacer algo por ayudar a su hermano y su cuñada. Una y otra vez afirmó no saber nada, con la misma convicción con la que le prometió a mi mamá que yo sería entregada a mi verdadera familia. Para entonces mi abuela Leontina ya era parte de las Abuelas de Plaza de Mayo, que agotaban recursos de hábeas corpus y pedidos internacionales sin perder la esperanza de, al menos, recuperar a sus nietos nacidos en cautiverio. Hasta que por fin, un día Adolfo Donda se acercó a mi abuela pidiéndole que firmase un documento en el que aceptaba la muerte de su hija. Leontina se negó, afirmando que hasta que no viera su cadáver nunca aceptaría su fallecimiento. Fueron momentos de gran tensión y aun mayor miedo, en los que la víctima principal fue mi hermana. Las dos abuelas, que en un principio habían acordado compartir la tenencia de su nieta, comenzaron a distanciarse debido al riesgo que entrañaban las "actividades políticas" de Leontina. En aquel momento nadie era consciente del rol que mi tío había jugado en el destino de la familia, pero no pasó mucho tiempo antes de que llegasen las primeras certezas: en 1987, tras la vuelta de la democracia a la Argentina, Eva, que había sido bautizada con mis abuelos maternos como padrinos, cayó definitivamente en las manos de mi siniestro tío. Hacía ya unos años que mi abuela Cuqui se ocupaba de ella, principalmente por los miedos que despertaba la exposición de Leontina. Pero Adolfo Donda era un militar fiel y servicial a los mandos de la Marina y, en momentos como ése, servicios como el suyo no quedaban sin recompensa: así fue como "Palito", el asesino de mi madre, inició un juicio a mi abuela Leontina por la tenencia de su sobrina, y con la colaboración de los mismos jueces que habían decidido cerrar los ojos durante la dictadura, lo ganó con facilidad. Así, poco después de evitar pudrirse en la cárcel gracias a las debilidades de una demasiado joven democracia, mi tío se convirtió en el único tutor legal de mi hermana. El juez, quizá para cuidar unas formas que ya nadie respetaba desde hacía años, argumentó en su decisión que, puesto que las abuelas eran incapaces de ponerse de acuerdo respecto del cuidado de Eva, entonces lo mejor para la niña era quedar bajo el cuidado de su familiar más directo en la línea sucesoria. Como cereza sobre la torta, aquel criminal no se privó de realizar un acto simbólico, eliminando del documento de mi hermana el nombre de Eva, que tanto había significado para mis padres, conservándole solo el segundo nombre, Daniela. Una vez más se avanzaba en el proceso de mentiras y desaparición, y la verdad parecía quedar enterrada para siempre.

Para aquel entonces, no quedaban dudas del rol que mi tío Adolfo había jugado durante los años de la dictadura. Ya en democracia, el Centro de Estudios Legales y Sociales convocó a los familiares de víctimas de la dictadura a consultar los archivos con los que contaban, y que después constituirían el corpus principal de uno de los libros más importantes que jamás se hayan publicado en la Argentina: el *Nunca Más*, una recopilación de testimonios de sobrevivientes, de los escasos documentos encontrados y de denuncias de familiares, coordinado y publicado por la Comisión Nacional sobre la Desaparición de Personas (CONADEP). En esos archivos, la familia de Cori pudo ver por primera vez cuál había sido el destino de su hija: la Escuela de Mecánica de la Armada. Y entre los responsables a cargo del centro de torturas, el nombre de quien todos, incluidos sus propios padres, sospechaban: Adolfo Miguel Donda Tigel.

¿Sabían mi abuela Cuqui y mi abuelo Telmo el rol que había jugado su hijo mayor en la desaparición del menor de la familia? Probablemente durante un tiempo no, en parte porque a pesar de que parezca increíble, la Argentina atravesó la dictadura sin ser consciente de lo que realmente sucedía en aquellos modernos campos de concentración, y en parte porque no hay muchas personas capaces en este mundo de asimilar y procesar el horror y la barbarie que implica tener un monstruo como hijo. Cuqui murió a mediados de los años ochenta, sin haber podido saber el paradero de su hijo menor, y sin haber osado nunca mirar a los ojos al mayor. Telmo la sobrevivió diez años, aunque murió antes de que podamos conocernos. Sin embargo, estoy segura de que sospechaba de Adolfo, y que el corazón debía rompérsele en pedazos cada vez que imaginaba no ya su rol durante la dictadura militar, sino su participación directa en la muerte de mi mamá y, por ende, en mi desaparición. Revisando los archivos de los organismos de derechos humanos, descubrí más de cincuenta recursos de hábeas corpus presentados por mi abuelo, seguramente a espaldas de mi tío, solicitando información sobre el paradero de mi papá. Quienes tuvieron la fortuna de llegar a conocerlo me contaron que una vez, en su trabajo, le preguntaron si tenía hijos. En su lacónica respuesta se esconde todo el dolor de un padre impotente, que sin serlo debe de haberse sentido culpable hasta el último día de su vida. "Tuve dos hijos —respondió—. Uno está muerto por haber sido montonero. El otro está muerto para mí, por haber sido un asesino."

El sufrimiento de mis abuelos paternos durante todos aquellos años hoy es también el mío, y toda mi vida deberé cargar con la inexplicable culpa de no haber podido conocerlos. Quizás exista ese "otro lado" desde donde puedan verme y saber que estoy bien, desde donde puedan escucharme pensar en ellos y saber que los conozco sin haberlos conocido, a ellos como a mis papás, y que a pesar de todos los intentos que se han hecho para que mis lazos de sangre me fuesen para siempre desconocidos, hoy he podido recuperar aquello que me constituye, mi pasado y mis orígenes, de los que ellos son parte.

Con la llegada de la democracia a la Argentina, el terreno ya no era fértil para que mi tío y sus secuaces pudieran seguir enriqueciéndose con los bienes y las propiedades que se acumulaban en el Pañol, como se denominaba a la zona del Casino de Oficiales, aledaña a la Pecera, donde se depositaban los "botines de guerra" robados de las casas de las víctimas durante los operativos de secuestro de la "patota". Los primeros pasos de la democracia eran aún tímidos y tambaleantes, lo que le dio tiempo suficiente al régimen militar para borrar muchas de sus huellas, limpiarse la sangre de las solapas de los uniformes y guardar las picanas eléctricas para una ocasión más propicia. Adolfo Donda consiguió por entonces un puesto de agregado naval en la embajada argentina en Brasil, con la doble intención de mantenerse a una prudente distancia de las más que seguras represalias que le esperaban por sus crímenes, y de mantener bajo vigilancia a uno de los considerados como principales enemigos del régimen: el ya ex dirigente montonero Mario Eduardo

Firmenich, alias "Pepe". Por aquellas épocas, incluso algunas publicaciones especializadas llegaron a sostener su implicación en la captura y posterior extradición de quien aún se consideraba a sí mismo como el secretario general de Montoneros.

Durante un tiempo, demasiado breve como para ser cierto, la idea de una justicia tan imparcial como implacable pareció cobrar fuerza en la Argentina: tras la publicación del libro *Nunca Más*, tras los juicios a los principales responsables de la masacre cometida durante los casi ocho años más negros de la historia del país, ahora parecía ser el turno de los segundos mandos, de los hombres de "territorio". Mi tío, entre tantos otros, tuvo que rendir cuentas a la Justicia, y debió cumplir prisión preventiva a la espera del resultado del juicio en el que se lo acusaba de hasta diecisiete crímenes de secuestro, tortura y muerte. Pero la primavera democrática duró poco, y en la Pascua de 1987, un sublevamiento militar bajo el mando del mayor Ernesto Barreiro y del teniente coronel Aldo Rico terminó por torcer el brazo de la Justicia, obteniendo del entonces presidente Raúl Alfonsín la promulgación de dos leyes nefastas, que tardarían casi quince años en ser anuladas: la Ley de Obediencia Debida, que establecía distintos grados de responsabilidad en la represión de la dictadura en función de la cadena de mandos militares, y la Ley de Punto Final, gracias a la cual todos los crímenes no juzgados hasta ese entonces pasaban a considerarse como prescritos. Sería el primero de una serie de duros golpes a la legitimidad democrática, y una clara muestra de que los militares, a pesar de ya no estar en el poder, se consideraban todavía (y en algunos casos con razón) como los dueños del poder político en la Argentina. Gracias entonces a las leyes más injustas que jamás haya promulgado el Congreso en la Argentina, cientos de asesinos y torturadores, entre los que se encontraba mi tío, salieron en libertad. Y también gracias al nuevo clima de tensión y derrota que se instalaba entre quienes habían luchado tanto por la libertad y la justicia, mi abuela Leontina terminó por ceder a las constantes amenazas y presiones a las que era sometida por Adolfo Donda desde que éste lograra quedarse con la tenencia de mi hermana. Ya desde los años de la dictadura, la desaparición de la preferida de la familia había provocado más consecuencias que el simple espacio vacío que su "muerte supuesta" ocuparía para siempre: la primera en no soportar la situación y su propia impotencia fue mi tía Inés, la hija mayor de la familia. Sin posibilidades de construir o reconstruir ya nada en un país que le ocultaba el destino de su propia hermana, marcó el camino del exilio hacia Toronto, en Canadá. Pronto la siguieron los demás hermanos con sus respectivas familias. Para el año 1987, debilitada pero no vencida, mi abuela Leontina, fundadora de las Abuelas de Plaza de Mayo e incansable en su lucha por descubrir la verdad sobre su hija y sobre el nieto o la nieta que llevaba dentro suyo en el momento de su desaparición, terminó por seguir los pasos de sus hijos y tuvo que exiliarse en Canadá. "Palito" el torturador, "Palito" el asesino, "Palito" mi tío, había ganado otra batalla. Lo que no sospechaba por entonces era que al final perdería la guerra.

Y mientras la familia que aún no sabía propia era sacudida y minada por conflictos externos e internos, mi vida continuaba sumida en la inocencia del no saber, del no sospechar. Alguna vez, leyendo o escuchando las declaraciones de Juan Cabandié, el nieto número 77 recuperado por las Abuelas de Plaza de Mayo, me marcó particularmente cómo él decía siempre haber sentido que su nombre era Juan, y no el que constaba en su falsa partida de nacimiento. Contaba cómo tenía sueños en los que una mujer que debía ser su madre lo amamantaba susurrándole al oído su nombre, "Juan", y cómo durante su adolescencia pedía a sus amigos y conocidos que lo llamasen así. Sin saber por qué, sin conocer aún la verdad de su historia y sin siquiera sospechar que, al igual que yo, había nacido en la "maternidad Sardá" de la ESMA, Juan sabía que el nombre por el que lo llamaban no era el suyo. Mi caso es muy diferente en muchísimos aspectos, quizás en más de los que coincidimos. Pero lo cierto es que, sin yo saber tampoco por qué, durante mi infancia me encantaba jugar a que en realidad era una princesa, heredera al trono de algún mágico reino lejano, y que mi verdadero nombre era Victoria. De hecho, mi fijación con aquel nombre me acompañó durante toda mi vida, y todavía recuerdo los pocos momentos en los que, con mi adorada amiga Vicky, durante nuestras noches de militancia en la Facultad de Derecho de la Universidad de Buenos Aires, jugábamos a imaginar el nombre de nuestros futuros hijos. De más está decirlo, mi hija se llamaría Victoria.

Por aquellos años, entonces, mi rutina no era muy diferente a la de cualquier niña de mi edad, entre mis idas a la escuela, mis juegos por el barrio y mis visitas a quien me cuesta dejar de llamar "abuela". Pero quizás el momento que más esperaba eran los fines de semana, en los que pasaba el día junto a Raúl en su verdulería, que quedaba en Dock Sud, justo del otro lado del límite sur de la ciudad de Buenos

Aires. Tras pasar a retiro en la Prefectura, Raúl había instalado esa verdulería, y para mí ir allí era como estar en un sueño, entre cajones de manzanas, lechugas, zapallos y toda suerte de frutas y hortalizas presentadas unas sobre otras y ordenadamente, como la representación de una naturaleza domesticada, a la venta y por kilo. Ya a estas alturas comienza a estar de más decirlo, pero el otro aliciente que me motivaba a tales visitas era el hijo del peón que ayudaba a Raúl con el negocio: aunque más grande, no dejaba de ser objeto de las limitadas fantasías de una chica como yo. Además, en los fondos del local vivía una simpática pareja de viejitos de origen yugoslavo con los que compartía también muchas de mis horas en los fines de semana. Él se llamaba Iván y ella Eugenia, y aunque de él mi recuerdo es demasiado difuso como para intentar cualquier descripción que supere sus espaldas anchas y unas manos que dejaban claras las décadas de trabajos duros y pesados que arrastraban consigo, la imagen de Eugenia es tan nítida aún que es como si la estuviese viendo en el momento en el que escribo estas líneas: Eugenia era chiquita, muy chiquita, incluso para una nena que no pasaba los tres palmos del suelo y que apenas había superado los diez años de edad. Era rubia y muy blanca, detalle que yo atribuyo hoy a sus orígenes eslavos, sobre todo teniendo en cuenta que en la Argentina, como en tantos otros países, la escala cromática de las pieles suele encontrarse en una relación directa con el escalafón social que toca en suerte: lo oscuro es pobre, y quizá por eso resultaba tan sorprendente tremenda blancura habitando una casucha precaria, apenas sostenida por una improvisada y anárquica acumulación de maderas y chapas. Eugenia también era gorda, gordísima, y su pelo era corto, cortísimo. Vestida casi siempre con sus remeras gastadas que ni siendo holgadas disimulaban los excesos de sus formas, no recuerdo haber conocido a nadie en mi vida que transpirase tanto como ella. No importaba si nos encontrábamos en uno de esos veranos porteños en los que para respirar es necesario masticar el aire caliente y cargado de humedad, o si se trataba de un invierno en el que la lluvia y el sol se intercalaban varias veces en el mismo día, sin por ello regalar un solo grado más en el termómetro, Eugenia transpiraba. Las manchas de sudor se acumulaban bajo sus axilas, contorneaban la línea de sus enormes pechos y su estómago prominente, y su frente y su labio superior estaban constantemente perlados por diminutas gotas de líquido, como si llorase sin cesar por cada uno de sus poros. Yo pasaba tardes enteras junto a ellos, jugando en el patio en el que sobrevivían aquí y allá algunas manchas de pasto reseco, o intentando, ya desde tan temprana edad, ejercer de educadora y elevar un poco el escasísimo nivel de alfabetización con el que contaban aquellos simpáticos viejitos. Como contrapartida, en el haber de aquella pareja, y principalmente en el de Iván, está el haberme enseñado a apreciar los rabanitos. Yo no era muy diferente a cualquier otro niño de mi edad, y en tanto tal tenía definido aquello que me gustaba y aquello que no, independientemente de si lo había probado, o de si incluso lo había visto alguna vez en mi vida. Los rabanitos formaban parte del grupo de los "no me gusta", pero cuando Iván escarbó entre la maleza para extraer aquella esfera del color de una rosa y, tras limpiarla cuidadosamente de tierra la metió en su boca con gesto de deleite, simplemente no me pude resistir. Cada vez que desde entonces como un rabanito, viene a mi mente la imagen de aquella curiosa pareja, y el gusto maravilloso que sentí en mi boca al descubrir que, por una vez, no lo sabía todo. Mi relación con ellos terminó de forma abrupta, como consecuencia (una vez más) de mi eterna necesidad de oponerme a todo, de hacer exactamente lo contrario a lo que se me pedía: siempre tuve intolerancia a las bananas, y tenía órdenes estrictas de no comerlas. Aquello fue suficiente para que me robase un gigantesco racimo de los expositores y que me refugiase en la minúscula casa de Eugenia e Iván, frente a la televisión que no apagaban nunca, y que con determinación y parsimonia me comiese todos los frutos prohibidos que mi estómago fuese capaz de soportar. Los frutos fueron muchos, pero el que no los soportó fue mi hígado, que me dejó varios días de cama y el temor de una hepatitis. Eso marcó el fin de mis visitas a la verdulería por un tiempo, y para cuando volví por allí mis desvelos eran otros, y la vieja complicidad con la pareja había desaparecido. Lo efímero es propio de la niñez, y por ello no fue necesaria ninguna discusión, ningún enfrentamiento para que mi interés por aquellas visitas se esfumase sin traumatismos. Pero los recuerdos se conservan para siempre, y por eso Eugenia e Iván merecen todo el lugar que yo pueda ofrecerles en estas páginas, un lugar tan sólido como el que ocupan en mi memoria.

A pesar de lo que pudiera creerse, o al menos a pesar de lo que yo asumo que pudiera creerse, la discusión política y la actualidad no estaban ausentes en mi casa. Cada martes, con una continuidad incuestionable, a las diez de la noche el televisor se sintonizaba en el Canal 11, donde desde tiempos inmemoriales se emitía el programa político-periodístico de Bernardo Neustadt, periodista eternamente a favor de los gobiernos de turno, sobre todo si aquellos gobiernos eran militares o conservadores. Su programa, "Tiempo Nuevo", está tan presente en mi memoria que cada vez que escucho *Fuga y misterio*, la canción que sonaba como cortina, la identifico más con Neustadt que con su autor, Piazzolla.

Imaginándome todos los martes junto a Raúl mirando "Tiempo Nuevo", me viene a la mente un programa emitido en 1994, durante la presidencia de Carlos Menem, quien tenía la facilidad de provocar un entusiasmo desmesurado por parte del incombustible periodista muerto en el 2008. Por aquel entonces, en medio de indultos a las cúpulas militares y con el país sumergido en una política de "reconciliación con el pasado" impuesta desde el gobierno, las asociaciones de derechos humanos eran presentadas por emisiones como la de Neustadt como poco menos que parias y desestabilizadoras. En la pantalla del televisor, frente a nosotros, sufrían frente a las cámaras los mellizos Matías y Gonzalo Reggiardo-Tolosa.

Todo había comenzado en 1985, cuando gracias a una denuncia de un periodista norteamericano, las Abuelas de Plaza de Mayo habían localizado a los probables hijos de los desaparecidos Juan Reggiardo y María Tolosa, apropiados durante la dictadura por el torturador y subcomisario de la Policía Federal Samuel Miara. Tras cientos de peripecias, huidas al Paraguay, pedidos de extradición y decisiones judiciales, en 1993 la Justicia dictaminó la restitución de la identidad de los chicos que a partir de ese momento se llamaron Gonzalo y Matías Reggiardo-Tolosa. Habían pasado demasiados años desde el comienzo del proceso judicial, y para cuando la identidad de los hermanos fue restituida ya eran adolescentes, lo que colaboró a que todo el proceso fuese traumático para los chicos. Los mellizos seguían muy apegados a sus apropiadores, y su relación con su familia de sangre no había comenzado con buen pie.

En el preciso momento en que el juez que llevaba la causa decidió que lo mejor era retirar la custodia de Gonzalo y Matías a su familia de sangre, el sector más rancio de los medios de comunicación saltó sobre la ocasión para, aprovechándose de la fragilidad y los conflictos de chicos de diecisiete años, presentarlos como la prueba de la "crueldad" con la que actuaban asociaciones como Abuelas. La búsqueda de justicia, para devolver a seres humanos una identidad y unos orígenes que les habían sido robados al nacer, era descrita como un sentimiento de revancha, y los apropiadores eran calificados como "padres de amor", personas que incluso habían rescatado a los niños de un destino aun peor. Matías y Gonzalo pedían volver a su vida anterior, con aquellos a los que seguían llamando "papá" y "mamá", mientras el entrevistador se regodeaba criticando el sufrimiento por el que el "revanchismo" estaba haciendo pasar a dos chicos inocentes.

Recordando aquello, pienso en mí, en mi completa ausencia de sospechas respecto de mis orígenes, respecto de mi identidad, y me imagino qué hubiese pasado de haber descubierto la verdad en mi adolescencia, en momentos en los que quien soy hoy recién comenzaba a formarse. Si a los veintinueve años todavía me genera dolor el término "apropiador", si todavía son ambiguos mis sentimientos respecto de ellos, no sé qué habría pasado entonces. Quisiera poder recordar cómo me sentí al mirar ese programa. Supongo que principalmente sentí asco, producto de la exposición de dos chicos indefensos frente a las cámaras, aunque probablemente yo también haya caído en la trampa, sintiendo lástima por ellos y deseando que los dejaran en paz. Hoy comprendo que el dolor que puede generar el proceso de restitución de identidad es infinito y diferente en cada caso, pero sin embargo en todos existe el mismo punto en común: nuestra identidad, nuestros orígenes, es lo primero que nos es dado, son las cartas con las que empezamos la partida. Negarle a alguien esas cartas es condenarlo a no tener cimientos sobre los que construir su vida. La existencia de personas como yo, como los mellizos o como tantos otros es una consecuencia del terrorismo de Estado, de un plan de ocultamiento de la verdad. Para que nosotros podamos existir, esa verdad debe ser restituida. Negarnos nuestra identidad nunca puede ser visto como una forma de "protegernos". Decía el fiscal Bruzzone durante el juicio a Miara: "A las personas que se combatía no solo se las privó ilegítimamente de la libertad para luego liquidarlas, sino que sus hijos fueron entregados a familias que los habrían de educar en los valores que decían estar defendiendo. No solo los vencieron militarmente, sino que también se apoderaron de sus hijos robándoles su historia".

Mientras tanto, la Argentina menemista batía su pleno. La política de derechos humanos simplemente había desaparecido, se nos había decretado como parte del Primer Mundo, se nos ofrecían productos importados en cómodas cuotas y se dictaban leyes que establecían que el peso y el dólar eran lo mismo. En paralelo, un enorme sector del país estaba cada vez más marginalizado, el trabajo se volvía más precario, y la independencia de la Argentina en términos de políticas económicas había desaparecido al mismo nivel de la política de derechos humanos.

Y yo terminé la escuela en el Sagrado Corazón, y finalmente nos mudamos algo más cerca de la Capital y de la verdulería de Raúl, en Bernal, partido de Quilmes. Ahora vivíamos en una casa, con un enorme patio lleno de pasto donde pasé muchísimos veranos. Empezaba un período nuevo, en la escuela secundaria, siempre religiosa, aunque ya no mixta. Y con ella, una entrada en la adolescencia algo traumática, aunque siempre signada por mi desconocimiento de la verdad, siempre vivida, al igual que aquellos detalles "inexplicables" de mi personalidad, como plagada de rarezas que me hacían sentir diferente. Aunque todavía incapaz de encontrar la razón por la que siempre algo parecía sobrar o faltar en mi vida cotidiana, cada vez sentía más que algo en mí empujaba por salir, que mis inquietudes no podían reducirse a conflictos propios de la adolescencia.

Sin duda, durante ese pasaje de la infancia a la adolescencia fue donde resentí con más fuerza un cierto desfase en mi vida, en mi constitución, que no pude explicar sino quince años después, cuando al fin mis verdaderos orígenes me fueron revelados. Dentro de todos los hechos traumáticos que puede implicar una reconstitución identitaria como la mía, uno de los que más me cuesta hablar, el que más me cuesta pensar y asumir, es el de mi edad. Mi mamá estaba embarazada de aproximadamente cinco meses cuando la secuestraron aquel mes de marzo de 1977 frente a la estación de trenes de Morón. Dada la escasez de datos precisos sobre todo lo que sucedió en los meses que siguieron, e incluso en los que precedieron a su desaparición, lo único que me queda para reconstruir aquella parte de mi historia son los testimonios de sobrevivientes, en una suerte de rompecabezas al que no pueden sino faltarle piezas, por lo general demasiado importantes como para ser ignoradas. Entonces, haciendo cálculos lo más flexibles posible, estimo que mi nacimiento en la "maternidad Sardá" de la ESMA se produjo entre los meses de julio y septiembre de 1977. Sin embargo, en mi documento de identidad, ese donde figuraba inscrita como Analía, mi fecha de nacimiento es el 17 de septiembre de 1979. Dos años de diferencia.

Y las consecuencias de ello no se limitan simplemente a una infancia en la que me creía superdotada por mi capacidad de comprender rápidamente lo que me enseñaban, o de un pasaje a la adolescencia que cayó sobre mí mucho más rápido que sobre mis amigas, sintiendo cómo mi cuerpo se desarrollaba a paso firme mientras mi cabeza solo quería seguir jugando… No. El efecto más violento, la carga más dura de soportar para mí en esa porción de la gran mentira de mi apropiación se manifiesta hoy en día, mientras no puedo evitar sentir que el precio colateral a pagar por acceder a mi historia fue perder dos años en el camino, dos años que nunca nadie podrá devolverme. Esa pérdida es uno de los temas de los que más me cuesta hablar, uno de los elementos que sigo sin poder digerir, y que por algún motivo me resulta más complicado incluso que enfrentarme a la mentira de quienes durante tanto tiempo se dijeron mis padres. Como si hubiese despertado de un estado de coma virtual, de un día para el otro dos años de mi vida habían desaparecido.

Y en aquel momento, con apenas doce o trece años, esos dos años de diferencia me generaban sensaciones encontradas respecto de mi desarrollo, respecto de mis diferencias con las personas que me rodeaban. Una vez más, aunque todavía incapaz de saber en qué se sustentaban mis sospechas, sabía que algo en mí no era igual que en los demás.

En medio de mis dudas y mis transformaciones físicas, en medio de mudanzas y cambios de casa, se produjo mi ingreso a la escuela secundaria, al Instituto de Señoritas Sagrada Familia, y mis primeras dudas respecto de la sociedad, del mundo en el que me encontraba y de la falta de justicia con la que la historia avanzaba, llevándose a quienes fuese necesario por encima. Pronto comenzaría con la preparación de mi confirmación, las visitas a la iglesia, y el descubrimiento de que más allá de mi vida y de mi pequeño círculo de certezas, se extendía un universo de personas abandonadas, de clases sociales, de diferencias estructurales que hacían imposible para algunos siquiera el soñar con modificar las cartas que les habían tocado en suerte.

Comenzaba para mí una nueva etapa en la que, a pesar de que yo era todavía incapaz de saberlo, mi mamá surgía con cada vez más fuerza en mí, con su carácter, con su explosividad y, poco a poco, con sus ideas y convicciones.

Comenzaba mi adolescencia, y con ella, Victoria se hacía presente en Analía. Había llegado el momento de la herencia.

III. Un nuevo comienzo

La mudanza al barrio de Bernal, en el partido de Quilmes, implicó también acercarse a la ciudad de Buenos Aires, avanzar en los círculos concéntricos que rodean la Capital y, supongo, avanzar también en el escalafón social definido por la distancia que nos separaba del centro económico del país. Detrás había quedado el departamento del barrio de monoblocks, y por delante se abría una nueva casa, cuyo gran patio cubierto de césped se convertiría poco a poco en un oasis dentro del desierto de nuestros veranos bonaerenses.

Corría el año 1991 cuando entré en el colegio secundario, o para ser más precisos, en el Instituto de Señoritas Sagrada Familia. Las monjas seguían marcando el ritmo de mi educación, pero a partir de ahora todo se desarrollaría en un ambiente exclusivamente femenino, con todas las ventajas y desventajas que eso implica. A mi alrededor, tanto en la Argentina como en el mundo, los valores y las ideas que nos habían alimentado durante décadas caían con la misma fuerza y estruendo con la que se había derrumbado, apenas dos años atrás, el simbólico muro de Berlín. De la mano del presidente Carlos Menem, la Argentina entraba en una nueva era, donde las prioridades eran la reforma del Estado, la "reconciliación nacional" y la mejora del poder adquisitivo de los argentinos. Para conseguirlo, se aplicaron recetas neoliberales, dictadas punto por punto desde los organismos de crédito internacionales, y se llevó a cabo una política de privatizaciones en la que primó la vergüenza: corrupción, vaciamiento de las empresas estatales, despidos masivos y, sobre todo, frivolidad. Menem anunciaba a quien quisiera escucharlo (y a quien no) el fin de las ideologías, en una suerte de eco tercermundista del filósofo Francis Fukuyama, y aquella defunción de valores era la excusa perfecta para el enriquecimiento desmesurado, para fiestas donde coincidían políticos, estrellas del espectáculo y oportunistas de todo talante. En pocos años se vendieron Aerolíneas Argentinas, Yacimientos Petrolíferos Fiscales, Aguas Argentinas, la Empresa Nacional de Telecomunicaciones, Gas del Estado, las empresas y plantas eléctricas, y se tercerizó una cantidad innombrable de servicios que hasta aquel momento estaban garantizados por el Estado. Las concesiones se otorgaron por amiguismo, por coimas o simplemente por acuerdos preexistentes, y el Gobierno se pobló de personajes tan siniestros como la familia Alsogaray, Roberto Dromi, Carlos Corach, Domingo Cavallo y, principalmente, el propio presidente Menem, cada día más popular a causa de su participación en diversos eventos deportivos, de su pasión por los autos y de su amor por las mujeres más pulposas y más oportunistas de la Argentina y del mundo. El Gobierno era una fiesta sin fin, y el Presidente, el "play-boy" más envidiado de los argentinos.

El mundo no estaba en mejor estado: el antiguo bloque comunista se resquebrajaba sin pausa, y poco a poco las repúblicas soviéticas se fueron independizando hasta que la URSS dejó simplemente de existir; Estados Unidos declaraba la guerra a Irak gracias a la excusa de la invasión de Kuwait por las tropas de Saddam Hussein, dando comienzo a la primera Guerra del Golfo; el Partido Comunista Italiano, el más importante de Occidente, dejaba oficialmente de existir; estallaba la guerra de los Balcanes, cuyo genocidio se sigue juzgando al día de hoy... Las estructuras que se habían mantenido de una forma u otra durante décadas se desmoronaban, los antiguos valores sociales y comunitarios desaparecían a pasos agigantados, y una nueva era de individualismo se instalaba sin visos de que alguna vez llegara a sucumbir. Ese fue el mundo de mi primera adolescencia, a la deriva. Y esos fueron también los acontecimientos que comenzaron a marcar en mí el principio de una duda, las primeras preguntas respecto de la justicia de lo que sucedía a mi alrededor.

En 1991 también se dictaba, a instancias del ministro de Economía Domingo Cavallo, la Ley de Convertibilidad, que establecía la paridad cambiaria entre la nueva moneda argentina, el peso, y el dólar estadounidense. Con la hiperinflación de los últimos años controlada, se inauguraba un período de oro para los afanes consumistas de la clase media, con viajes al exterior y compras indiscriminadas de electrodomésticos y productos importados, que ya no pagaban aranceles. Comenzaba también una lenta progresión hacia el abismo de los sectores más desfavorecidos, que terminaría diez años después salpicando a las clases medias y derrumbando una frágil y ficticia estructura que, de momento, era vista como el ejemplo más indiscutible del ingreso de la Argentina al "Primer Mundo".

Mientras tanto, mientras todo se sacudía a mi alrededor, mi interior se sacudía con la misma fuerza destructiva: como ya he mencionado, el tema del vacío de dos años entre mi vida real y la que me asignan mis documentos es un problema que aún no consigo resolver, y me cuesta mucho sufrimiento mencionarlo. Fue precisamente durante los años de mi primera adolescencia cuando la diferencia entre lo que sentía y lo que sucedía en mi cuerpo con respecto de lo que debería en teoría sentir y sucederme era por momentos insoportable, y mis cambios de humor eran tan notorios como el desmesurado desarrollo de mi cuerpo. Durante todo aquel período de efervescencia hormonal, me sentía inmensamente permeable a todo, como una esponja bajo un chorro de agua. Fueron los años de mi confirmación, en una pequeña iglesia a pocas cuadras de nuestra nueva casa.

A pesar de que para mí la infancia, con todos los vacíos de memoria que la caracterizan, ya había tocado a su fin, la etapa de mi preparación para la confirmación y la confirmación en sí se me presentan como recuerdos fragmentarios. Si finalmente adquieren la forma de un todo, se debe más bien a acontecimientos externos que les dan sentido, como una coraza protectora que impide a esos pocos recuerdos esparcirse en el olvido. No me acuerdo, por ejemplo, del nombre del cura encargado de las clases de catecismo. Pero lo que sí tengo muy presente es hasta qué punto lo odiaba, o le temía, o probablemente ambas. Era la perfecta representación de lo que, para cualquier adolescente, entra en la categoría de "viejo": flaco, alto aunque algo encorvado, y con una calvicie prominente, salpicada aquí y allá de mechones de un finísimo pelo gris. Para mí tenía como mil años, por lo que seguramente rondaba los sesenta, aunque lo que más me chocaba, más incluso que unas arrugas que surcaban todo su rostro salvo la parte de las comisuras de los labios de aquellos que se han reído alguna vez, era su extrema flacura. No era una flacura común, ni la delgadez límpida de los ascetas, sino la evidencia de un cuerpo reseco, sin vida, profundamente amargado. Como era de esperarse, nuestra relación no era de las mejores, a lo que yo colaboraba con mi cada vez más incontrolable boca, que no por nada tiene las dimensiones que tiene. Allí estaba de nuevo Cori, sin que yo pudiese aún reconocerme en ella, discutiendo por principios toda afirmación que suene a definitiva, y a la vez haciendo afirmaciones que poco tenían de relativas.

La relación entre el cura sin nombre y yo llegó a deteriorase tanto que decidí, con la ayuda de una cómplice cuyo nombre también ha desaparecido, pasar al ataque: debilitaría a mi enemigo sembrando falsa información sobre él, con el objetivo de hacer tambalear su posición en la Iglesia, y así poder... Bueno, todavía no había llegado a esa instancia, pero la primera parte del plan ya estaba en marcha: nos dedicamos a propagar el rumor de que les vendía drogas a los chicos de la parroquia. Era otra época; probablemente de haber sucedido hoy lo habríamos acusado de un excesivo cariño por los chicos. En todo caso, un rumor como aquel conseguiría sembrar un manto de duda sobre la figura del religioso, obligándolo a retirarse, y seleccionarían en su lugar a un cura joven, lindo y divertido. Solo nos quedaba esperar. Y esperamos. Un poco más.

No sucedió nada, por supuesto. Mi vocación de triunfar en el arte de la guerra mediante estrategias frías y calculadas moría tras la primera batalla, con el agravante de ser la única que sabía que tal batalla se había librado. Al menos me quedaba la certeza de que la individualidad no era lo mío, y de que mis impulsos cada vez más incontrolables por no estar de acuerdo tendrían que encontrar otro mecanismo de escape, otra forma de intervención que hiciera de ellos algo útil. Y para eso también me sirvió la experiencia en aquella iglesia, más precisamente con el grupo de la Juventud.

Cuando el Estado es reducido a su mínima expresión, como era el caso argentino en aquellos momentos, la asistencia social y el trabajo comunitario, sobre todo en las villas miseria y los barrios más carenciados, recae en manos de la Iglesia. Las pequeñas parroquias funcionan en muchos lugares como centros comunales, y por ellas pasan muchos de los aspectos organizativos de los barrios. Como parte del grupo de Juventudes de la iglesia, dedicábamos algunas horas de nuestra semana, y sobre todo de nuestros fines de semana, a brindar tareas de apoyo escolar, repartir alimentos, y otros servicios sociales en las villas y los barrios más pobres de la zona. Allí, aparecieron desnudas ante mí las consecuencias de la Argentina globalizada: las primeras sacudidas llegaron desde Asia, con el derrumbe financiero de los por entonces llamados "tigres asiáticos", y como un dominó se esparcieron por todo el mundo, por Rusia, por Japón, Turquía, México... y la Argentina. Ya no se trataba de marginalidad estructural, sino del derrumbe de todo el andamiaje del Estado, desde sus aspectos más asistenciales hasta los de contención, y el individualismo económico que se recitaba como credo no tenía tiempo para detenerse a analizar la situación de quienes se quedaban fuera del restringido círculo de ganancias. Brindábamos cursos de alfabetización tanto a ancianos que nunca habían aprendido a leer como a niños que estaban en edad escolar, pero que por falta de presupuesto, por problemas relacionados con la malnutrición o por razones aun más indecibles, seguían sin conocer el alfabeto.

Aquellas actividades solidarias desde el grupo de la Juventud de la iglesia no fueron mi primer contacto con la pobreza y la exclusión: quisiera poder decir que no nací en una cuna de cristal, pero dadas mis circunstancias la frase sonaría, cuanto menos, extraña. El caso es que en mi familia de crianza nunca sobró tampoco el dinero, y donde yo vivía cuando chica, la miseria circundante no era algo que pasase desapercibido. Lo que sí resultó algo nuevo para mí fue encontrar un espacio de canalización para mi inconformismo, una actividad en la que, por pequeña que fuese mi contribución, y pese a no estar todavía teñida de una conciencia política, era una contribución al fin. Sentía que podía hacer algo.

Aquí es posible marcar la forma, todavía apolítica, del compromiso: lo que descubrí en aquellos trabajos sociales y comunitarios, como antítesis de mis patéticos intentos de "guerra de posición" contra el horrible cura sin nombre, no solo fue una tendencia natural hacia los primeros. No se trataba sin embargo de la satisfacción que siente aquel que, desahogado económicamente, lima las aristas de su culpabilidad burguesa ayudando a quienes menos tienen. Tampoco era la vocación tan cristiana de la caridad. La sensación que aquellas actividades me provocaban era la del trabajo social concreto, un trabajo que, sin estar aún sostenido por ideas políticas firmes, ponía en evidencia que existía una vía de participación solidaria capaz de marcar la diferencia. Los días que colaboraba con la parroquia, los momentos de intercambio material y humano con los sectores más desfavorecidos, no me sentía bien conmigo ni en paz con Dios: simplemente me sentía útil. Aunque también debo reconocer que nada es blanco o negro, y que en el infinito universo de grises que compone nuestra existencia, mis motivaciones en el trabajo parroquial excedían mi relación con Dios o con el trabajo solidario. Para ser honesta, la sonrisa que se dibujaba en mi rostro cada vez que caminaba la distancia que separaba mi casa de la iglesia tenía un nombre inscrito en ella: Hernán.

Hernán era el coordinador del grupo de Juventudes de la iglesia, tenía veintitrés años cuando yo apenas andaba por los quince, y por sobre todo... tenía auto. Resulta curioso a qué punto ese tipo de nimiedades podían ser tan importantes para mí en aquel momento, pero el hecho es que antes que su rostro, su voz o su cuerpo, lo primero que me viene a la mente es el Honda blanco, probablemente de su padre, con el que me llevaba a todos lados, haciéndome sentir una princesa, o cuanto menos una ricachona con chofer. Durante un tiempo, en el eterno tira y afloja entre la repulsión que me provocaba el cura sin nombre y la satisfacción de las tareas solidarias, Hernán se convirtió en el elemento que inclinaba la balanza por seguir yendo a la iglesia.

Pero de la misma manera en que un auto puede ser muy importante para una adolescente, los centros de interés son efímeros y cambiantes, por lo que lentamente Hernán dejó de dar la talla para la hercúlea tarea de mantener mi motivación alta frente a los cursos de catecismo. Si a ello agregamos que, para variar, mi relación con las otras chicas que iban al lugar era tan mala que ni a relación llegaba, y que mi cómplice en el intento de hundimiento del cura sin nombre había terminado por abandonar la parroquia, poco me quedaba por hacer si no irme yo también. Como no soy una mujer de rupturas fáciles y necesito, a pesar de un carácter explosivo, hacer las cosas paso a paso, el proceso llevó su tiempo y se desarrolló en etapas.

Lo primero fue comenzar unos cursos de teatro en el centro cultural italiano del barrio, donde además de dar salida a mi histrionismo aproveché para enamorarme perdidamente del profesor de teatro, lo que no impidió que de todas formas nunca correspondiese mis miradas. El enamoramiento fue suficiente sin embargo para que Hernán diese rienda suelta a sus inconmensurables celos, alimentados por mi creciente interés en el teatro y la expresión corporal, así como por mi progresivo alejamiento de la iglesia. Y para cuando los autos me interesaron menos y sus celos se fueron volviendo ácidos y posesivos, llegó al fin el momento de terminar la aventura. Con el fin de Hernán y su Honda blanco, mi batalla por resistir al odioso cura estaba perdida: poco tiempo después, abandoné el grupo de Juventudes, y con él, mi primera verdadera experiencia en las acciones solidarias.

Pasarían aún varios años antes de que me decidiese al fin a dar mi primer paso en la política activa, al terminar el colegio secundario. Pero el camino estaba abierto, Cori ya no dejaría de hacerse sentir en mí y en mi forma de ser y de ver las cosas, y lo que siguió fue también, de alguna forma, una introducción necesaria para terminar de abrirme los ojos y modelar lo que se convertiría en una vocación. El lugar donde se llevaría a cabo esta paulatina transformación tiene poco de original: el secundario, el Instituto de Señoritas Sagrada Familia, donde cientos de chicas de entre doce y dieciocho años cohabitaban una buena parte del día con monjas, curas y algún que otro civil en un ambiente estricto y represivo, de esos que solo las escuelas religiosas saben construir.

Al empezar el colegio secundario, mi primer impulso fue acercarme a aquellas que eran como yo, que tenían los mismos orígenes de clase media, y mi entrada en la adolescencia se hizo en principio desde la superficialidad, desde las apariencias dictadas por el conjunto que yo obedecía sin chistar, y sin siquiera pensar que podía existir una alternativa válida a ese mundo de apariencias. El aula donde pasé los cinco años del Instituto Sagrada Familia tenía una disposición clásica, con tres dobles hileras de bancos fijos en una habitación cuadrada, de paredes amarillas descascaradas con grandes ventanas sobre el costado izquierdo que daban al patio central del edificio. Y era la disposición geográfica de los bancos lo que determinaba los grupos de pertenencia: tres hileras, tres grupos. El primero, el más alejado de la puerta de entrada al aula en la hilera de la izquierda mirando al pizarrón, fue aquel en el que me ubiqué en un principio. Éramos las "dominantes", las chicas superficiales para las que lo único que importaba era vestirse según los dictámenes de la moda, hablar de chicos incluso antes de conocer a alguno, y en cierto sentido competir entre nosotras para ver quién era la que se compraba el último pantalón Motor Oil, quién llevaba los más relucientes zapatos Kickers o la musculosa más ajustada. De hecho, esta es la descripción de lo que constituía nuestro uniforme oficial fuera del colegio, ya que allí todas vestíamos los mismos zapatos negros, medias azules, vestido con pollera azul y camisa blanca. El pelo, por supuesto, recogido. Fuera del colegio, lo dicho: Kickers, preferentemente marrones o negros, jeans Motor Oil gastados y musculosa violeta ajustada. En mi caso, con mi "problema" de desarrollo temprano e incomprensible, la musculosa no hacía sino resaltar a las claras las diferencias de tamaño que me separaban de mis amigas.

El segundo grupo, que se ubicaba en la hilera del medio del aula, eran las chicas que en todos los colegios del mundo son consideradas como las "tontas": la tonta de la adolescencia es aquella que estudia todo el tiempo, la que participa en clase y la que saca siempre las mejores notas. Seres asociales, discriminados por no responder al estereotipo que exige desinterés por la educación, liviandad y una tasa de éxitos académicos limitada. Como consecuencia de la dedicación al estudio de este grupo de chicas, sobreviene su exclusión de todo círculo social posible, adquiriendo un aura de "parias" que no podrán sacudirse hasta entrar en la universidad, donde todo está destinado a comenzar de nuevo. Pero entre tanto, durante cinco largos años, se constituyen en un bloque bien definido y solidario de chicas que se juntan a estudiar, que no se relacionan con muchachos fuera del ámbito escolar, y que por alguna razón que al menos a mí me es desconocida, suelen además ser feas y poco atractivas, o al menos se las categoriza con tal fuerza de aquella manera que hasta ellas mismas terminan creyéndoselo.

El tercer grupo, el de la hilera de bancos que se situaba del lado de la puerta de entrada al aula, se definía más por oposición a los otros dos que por alguna razón unificadora. Era el grupo heterogéneo, el de las chicas que no pertenecían ni al bando de las "dominantes" ni al de las "tragas", y que por el simple afán de dar nombres a las cosas podemos llamar las "rebeldes": chicas "rockeras", que escuchaban música nacional y se preocupaban poco por la ropa que se ponían, o simplemente chicas que no eran lo suficientemente aplicadas en los estudios o no eran tan feas como para ser desplazadas al grupo del medio. La vida de aquellas chicas estaba completamente fuera del colegio: sus amistades, sus centros de interés, sus espacios de intercambio... era el grupo del no-grupo, la cuadratura del círculo que impedía una completa fijación de clases en el interior del aula. Más adelante saldrían de allí mis verdaderas amigas, aquellas con quienes compartí sentimientos, amores y desamores, y todas las dudas y problemas inevitables en un ámbito en el que las hormonas y las escasas experiencias modelan poco a poco la personalidad con la que deberemos vivir por el resto de nuestras vidas. Pero me estoy adelantando, y por el momento mi vida giraba alrededor de la ropa, las críticas despiadadas y crueles hacia los demás, e incluso un espíritu malsano de competencia entre nosotras.

Nuestra semana consistía en esperar que llegase el viernes, que pudiésemos al fin liberarnos del uniforme del colegio para calzarnos el otro uniforme, aquel que creíamos que representaba quienes éramos nosotras realmente. Buenos Aires y sus alrededores, la capital y las ciudades circundantes que nunca duermen, donde la gente sale tarde y hasta tarde, tenía preparados sistemas de diversión y entretenimiento para todas las edades, y ya desde los inicios de la adolescencia una chica que así lo quisiese podía sentirse adulta, yendo a bailar al turno que sin ninguna lógica que lo justifique se ha dado en llamar la "matinée": entrábamos hacia las siete de la tarde, y nos quedábamos allí hasta las diez de la noche, cuando se marcaba el toque de queda virtual para los menores de dieciocho años. Nuestro centro neurálgico era una discoteca muy conocida de Quilmes: Electric Circus. Allí, junto con mis "amigas", yo contoneaba mis por entonces excesivas formas bailando encima de algún parlante, exhibiéndome y viendo exhibirse a las demás, todas simulando una suerte de trance provocado más por nuestras ganas de parecer grandes que por el real influjo que pudiese tener sobre nosotras la música electrónica que resonaba repetitivamente en nuestros oídos. Yo no era la única hija de militares, ni la única cuyas ideas iban por entonces a la par de sus orígenes. Así, los chicos con los que solíamos salir y compartir nuestros fines de semana eran en su mayoría alumnos del IMPA, una escuela técnica-taller que formaba a los alumnos para ser mecánicos de aviones, y que dependía directamente de la Fuerza Aérea Argentina. Quienes allí estudiaban también provenían de familias de militares o con algún tipo de relación con las Fuerzas Armadas, todos de clase media, todos (incluyéndome) influenciados por una ideología que calificaba a los militares como héroes, como la garantía última y sostén de los valores de Dios y de la Patria. Era un mundo rancio que desconocía o falseaba la historia reciente de la Argentina, una historia que había determinado mi existencia de maneras que yo era aún incapaz de sentir o comprender, pero que poco a poco, de la mano de Cori que lograba el triunfo de sus genes por sobre mi educación, afloraba en mí como una fuerza irresistible.

Yo ya tenía por aquel entonces cada vez más definido un espíritu rebelde e inconformista, pero la influencia de lo que se pensaba y decía en mi casa, la fuerza de las afirmaciones de Raúl en su desprecio por la "izquierda atea y apátrida", estaban aún profundamente arraigadas en mí, y no fue hasta avanzado mi segundo año en el colegio que tuve el primer encuentro con una realidad diferente de la que siempre se me había presentado, una primera idea de que, quizá, el pasado no era tan blanco o negro como yo creía, sino que las gamas del gris podían llegar a ser infinitas.

Fue en aquel momento cuando apareció la primera de mis influencias externas: su nombre era Silvia, y era mi maestra de segundo año. Silvia era bajita y rubia, con el pelo muy largo. Y sobre todo, era hermosa a mis ojos. Joven y natural, irradiaba una belleza frente a la cual yo solo podía sorprenderme, dejarme llevar por lo que me dijese, y sobre todo, creerle. Por primera vez le creía a alguien que se acercaba a mí con una idea diferente de la historia, de lo que había sucedido en la Argentina, del rol que había tenido en la dictadura gente como el mismo Raúl, la persona a la que yo seguía y seguiría considerando por muchos años más como mi padre.

Todo sucedió en uno de los incontables actos escolares que hay en la Argentina en torno a las fechas patrias. Quizá fuera un 9 de Julio, Día de la Independencia, o un 25 de Mayo, conmemoración de la primera junta de gobierno en 1810, o cualquier efemérides que reuniese a todas las alumnas en el patio central del colegio, para entonar el himno nacional, el himno a la bandera o alguno de los tantos himnos con los que se pretende construir el "sentimiento nacional" entre los estudiantes argentinos. Como en otras ocasiones, mi histrionismo y mi capacidad de figurar me llevaron a ser la encargada de escribir un discurso, que leería frente a todo el mundo, en una posición de notoriedad en la que me sentía cada día más cómoda, y en la que todos los profesores parecían haberse puesto de acuerdo para decidir que era la que me correspondía.

No recuerdo de qué se trataba, no recuerdo de hecho casi nada de lo que sucedió aquel día, pero sí recuerdo el cierre del acto, la última frase que pronuncié, sin duda alguna fuertemente influenciada por Raúl, por sus verdades a medias, o por lo que más tarde comprendería que solo eran mentiras disfrazadas de verdad, como tantas otras. Como mi fecha de nacimiento. Como mi nombre. Como mis orígenes.

…Y en la última guerra que tuvo que enfrentar nuestro Ejército Argentino contra los sin Dios y los sin Patria, salió victorioso y lleno de gloria…

Silvia, aquel ser maravilloso al que yo tanto veneraba, se me acercó después de mi discurso, y noté de inmediato su incomodidad, su necesidad de hacerme comprender qué significaban exactamente aquellas palabras que yo había pronunciado con la naturalidad con la que se afirma una verdad incuestionable. Ese día, por primera vez alguien debatió el discurso tan arraigado entre los militares de que lo que había sucedido en la Argentina era una "guerra sucia", en la que dos bandos se habían enfrentado y uno de ellos había salido victorioso. Silvia me explicó, con paciencia y pedagogía, que las guerras se libran entre Estados, entre países o entre facciones, pero que cuando uno de los dos bandos es el Estado mismo y el otro es el pueblo, no se trata de guerra sino de terrorismo de Estado. Silvia me explicó también que los "sin Dios" a quienes yo hacía referencia habían surgido de las entrañas mismas de la Iglesia, de la mano de un cura que había inspirado a toda una generación en la lucha contra la opresión y la injusticia: el padre Mugica, asesinado por la Triple A por pensar diferente. Me contó cómo los "sin Patria" provenían de las bases del nacionalismo católico, y que lo que los diferenciaba de sus asesinos era que su "Patria", aquella por la que habían luchado contra las más poderosas estructuras del Estado, era simplemente una Patria diferente, justa y soberana. Y que nuestro "glorioso Ejército Argentino" había cimentado su victoria no en una lucha entre iguales, sino en la desaparición, la tortura y el exterminio de aquellos a quienes habían calificado como sus enemigos.

Yo era todavía muy joven como para que las palabras de la profesora Silvia consiguiesen derrumbar el edificio de mentiras en el que se habían arraigado "mis" ideas, o como para poner completamente en cuestión el discurso de Raúl, por entonces el hombre más importante en mi vida. Pero fue el primer aguijonazo, el primer aviso de que había algo que se ocultaba más allá de las afirmaciones de mi "padre". ¿Cómo podía alguien ser glorioso, si la gloria de su victoria estaba construida por el odio, la intolerancia y la violencia desmedida? Todavía no estaba preparada para oponerme a la visión de la historia en la que había sido criada, pero por primera vez me encontraba incapacitada de unir la palabra "justicia" con lo que Silvia me contaba.

A estas alturas de mi vida, ya no quedaban dudas de que algo había comenzado a moverse dentro mío, y aquel movimiento, que terminaría por derrumbar los cimientos de una educación y una ideología impartidas en mi casa desde un principio, ya no podía detenerse. Por supuesto, las contradicciones seguían aún a la orden del día, y yo combinaba mis cada vez más fuertes cuestionamientos y rebeldías con mis relaciones superficiales en el seno del grupo de las "dominantes". El virus inoculado con las tareas sociales durante mi preparación para la confirmación, y desarrollado con el discurso coherente y respetuoso de Silvia, se instalaba en mis actos y mis reflexiones, alimentado constantemente por Cori, cuya inconformista manera de ser habitaba mis genes y crecía con cada una de las explosiones hormonales que ritmaban el principio de mi adolescencia.

En este proceso de desarrollo, yo me iba constituyendo como un individuo con ideas propias mediante una combinación de influencias externas e internas. Pero mientras por el momento era incapaz de darle un nombre a aquello que en mi sangre y en mi verdadera historia pujaba por surgir en mí, las influencias del exterior me resultan y me resultaban claramente identificables: la primera, el contacto directo no solo con la gente más necesitada y a la vez más desplazada por el sistema económico que reinaba en la Argentina de los años noventa, sino principalmente con la experiencia de poder hacer algo por ellos, tanto desde la caridad cristiana que imponía la doctrina de la Iglesia como desde una actividad de construcción que se sostenía por algo tan simple como negar lo "inevitable" de la pobreza y la marginalidad. La segunda de las influencias fue Silvia, aquella hermosa profesora que —desde una juventud que la acercaba más a mí que a los curas y las monjas que gobernaban nuestras vidas dentro del colegio— supo instalar en mí algo tan simple como la reflexión, aunque a la vez tan poderoso que era capaz de borrar todo atributo de "incuestionable" al discurso político que mamaba todos los días en mi casa. Lo inevitable podía entonces ser evitado, y lo incuestionable puesto en duda. La tercera pata que faltaba entre estas influencias exteriores era la de la construcción de un discurso, de algo que pudiese llenar las grietas y espacios vacíos que iba dejando la erosión de lo "dado". Esta tercera influencia tiene nombre y rostro: se trata de Luis, el cura que se ocupaba de confesar a las alumnas del Instituto Sagrada Familia.

Las reglas de conducta y presentación establecidas por las monjas eran innumerables, y entre los detalles que dictaban cómo vestirse se incluía la obligación de llevar el pelo siempre atado. Yo solía atármelo mal a propósito, para que en el transcurso del día el nudo se fuese aflojando y algunos mechones de mi pelo largo y ondulado pudiesen escapar, aunque más no fuera por poco tiempo. Las constantes observaciones al respecto de parte de las monjas, así como mi cada vez más incontrolable necesidad de cuestionar todo aquello que quisieran imponerme, me llevaban con una frecuencia alarmante a ser "castigada". El castigo era presentado como una obligación de reflexionar y arrepentirse, para lo cual me enviaban a confesarme con el cura del colegio: el padre Luis. Era un hombre de unos treinta años, alto y algo entrado en carnes, a quien nunca vi sin el cuello blanco que determinaba como un uniforme el rol que ocupaba en el Instituto. Tras haberlo conocido, supongo que él hubiera preferido no llevar aquel uniforme que lo posicionaba un escalón por encima de las muchachas que acudían a visitarlo, pero tampoco estaba exento de obedecer a las estrictas reglas del colegio. Cuando el padre Luis hablaba no solía mirar con frecuencia a su interlocutor, sino que perdía sus ojos verdes en algún punto del espacio que solo él alcanzaba a discernir, y del cual obtenía la calma que le permitía expresar con claridad y sin soberbia lo que tenía para decir. Y a pesar de las reglas y las tradiciones a las que las monjas estaban tan apegadas, el padre Luis había conseguido romper ciertas estructuras, por lo que las conversaciones con él no se hacían en un confesionario, separados por una ventana de esterilla, ni dentro de los cuatro muros de su oficina o la capilla, sino caminando. Ir a confesarse con el padre Luis era pasear a su lado por los jardines del colegio, conversando de aquello que había motivado la visita o simplemente hablando de historia, de la vida o de lo que una quisiera. Sin dudas, el padre Luis había entendido mejor que nadie el rol de un confesor: alguien a quien poder confiarse, sabiendo que lo que se le dijera nunca saldría de ese ámbito, y alguien que antes que imponer ofrecía sus opiniones, instando a la otra persona a exponer las suyas.

Yo tenía un profesor de historia que nos enseñaba el pasado del país en el más puro estilo de los héroes y villanos, una historia que solo podía ser abordada desde un punto de vista "oficial" y sin lugar para las dudas. Sin embargo, en una actitud algo contradictoria que impulsaba precisamente a la diferencia de opiniones, a veces se escapaba de su rol de "aquel que sabe" para dejarnos a nosotras investigar por nuestra cuenta y construir reflexiones propias, aunque más no fuese para luego descartar lo diferente como falso y caracterizar toda afirmación contraria a las de sus libros como falaz. Una vez, durante el curso de historia argentina, el profesor propuso poner en escena un juicio a uno de los personajes más cuestionados del siglo XIX: Juan Manuel de Rosas. Rosas es considerado por muchos como un clásico caudillo de los tantos que habitaron la Argentina, como un violento dictador derrocado por la heroica gesta de su enemigo declarado y representante de un liberalismo ilustrado importado desde Europa, Justo José de Urquiza. Sin embargo, en una visión surgida de las clases populares de la Argentina, Rosas es presentado como uno de los primeros hombres políticos en acercarse a quienes quedaban marginados del país que se estaba construyendo, a esos "gauchos" que para los pensadores de la época representaban a la barbarie enfrentada a su proyecto civilizador. Para muchos, entre los que se contaba el padre Luis, Rosas formaba parte de una suerte de Santísima Trinidad de la historia nacional junto con el General San Martín, padre de la Patria, y Juan Domingo Perón. No recuerdo si mi rol en aquel juicio ficticio a Rosas era el de abogado defensor o el de fiscal, pero lo que sí recuerdo fue mi sorpresa y mi frustración al constatar que en los diferentes libros de historia a los que me remití para construir mi argumentación, los mismos actos eran presentados como crímenes imperdonables por unos o como logros heroicos por otros. En mis caminatas con el padre Luis por los patios del colegio comprendí que la historia no es una verdad incuestionable, sino un análisis de acontecimientos que sucedieron en el pasado, y que solo pueden ser leídos a los ojos del presente. Él nunca pretendió adoctrinarme con su propia visión, sino que me la presentó como una alternativa más, como la prueba de que las únicas personas que deben moldear y construir nuestras opiniones somos nosotros mismos.

El padre Luis me enseñó también que es precisamente porque solo nosotros podemos construir nuestras propias opiniones que debemos luchar por defenderlas, sin imponer, pero sin permitir que nos impongan aquello que debemos sentir o pensar. Y su forma de enseñarme esto fue permitiéndome comprenderlo sola, conociendo a aquellos que habían llevado su idea de justicia hasta el final, dando incluso su vida por ello. Fue él quien me ofreció un día la que sería mi primera lectura política, y el elemento que me permitiría amalgamar mis influencias con mis actos: se trataba de las *Obras Completas* de Ernesto "Che" Guevara, cuyas ideas y cuya acción para llevarlas a cabo y defenderlas siguen siendo al día de hoy mi principal fuente de inspiración en mi actividad política. El "Che" vivió y pensó de la misma manera, sin contradicciones, llevando sus convicciones hasta el extremo de dar su vida por ellas. Si algún día se me ocurre inventarme mi propia Santísima Trinidad, no me caben dudas de que el "Che" será parte de ella.

En la existencia de una persona no existe lo lineal, los acontecimientos no se suceden unos a otros en armonía, sino que se sobreimprimen entre sí en un caos de fuerzas contrarias que van forjando la historia personal, y que no adquieren un sentido hasta que no son leídos como parte del pasado. Y de la misma manera en que al escribir esto puedo afirmar que Cori, mi madre, ya habitaba en mí, y que sus genes y su sangre moldeaban mi personalidad con la misma fuerza que los elementos externos que iban marcando mi vida, estos elementos externos solo puedo separarlos e identificarlos desde el prisma del presente, desde quien soy y me siento ser hoy en día. La realidad de aquel entonces es que Silvia, las actividades sociales de la Iglesia, el padre Luis, el "Che" y sus *Obras Completas*, e incluso Hernán y su auto blanco importado o las clases de teatro, sucedían al mismo tiempo que mi traumático desarrollo, que mi pertenencia a grupos con intereses comunes, que mis bailes sobre los parlantes de Electric Circus los sábados por la tarde o que mis coqueteos con los futuros mecánicos militares del IMPA. La persona que se maquillaba y se soltaba alegremente el pelo en el instante mismo en el que terminaba cada día de clases era la misma que se enfrentaba con Raúl por pretender colgar un póster del "Che" en la puerta de mi cuarto, para más detalles del lado de afuera. Todos somos varias cosas a la vez, todos vivimos habitados por contradicciones y fuerzas opuestas que ganan y pierden alternativamente la partida. ¿Qué es entonces aquello que otorga otro color a las mías, lo que provoca que estos momentos de mi vida merezcan ser contados? Creo que la respuesta no se encuentra precisamente en mí, en cuanto a definirme estrictamente por lo que me sucedía. Yo todavía me llamaba Analía, mi papá era un miembro retirado de la Prefectura Argentina, había nacido en 1979... Pero también siempre fui Victoria, la hija de Cori y el Cabo, la que nació en 1977 en un campo de concentración y torturas situado en plena ciudad de Buenos Aires. Mi verdadera vida no comienza a los veintisiete años, de la misma forma en que todo lo que me sucedió antes no puede ser fácilmente definido como una simple mentira. Es en ese sentido en que mi historia, la que cuento en estas páginas, no es solo mía, de Victoria o de Analía, sino que es la historia de la Argentina, una historia de intolerancia, violencia y mentiras cuyas consecuencias se viven todavía, y que no estará completa hasta que el último de los bebés robados durante la dictadura pueda recuperar su verdadera identidad, hasta que el último de los responsables de aquella barbarie sea juzgado por sus crímenes, hasta que el último de los treinta mil desaparecidos pueda tener un nombre, una historia y una circunstancia de muerte, y hasta que el último de sus familiares pueda, al fin, hacer su duelo. Como sucedió conmigo, con quienes me precedieron y como sucederá también con los que vendrán, la verdad termina por surgir, imponiéndose al edificio de mentiras y ocultamientos construido durante tantos años. Mi historia, entonces, que no es solo mía sino de todos, es el grano de arena que me permito aportar para descubrir aunque sea un poco más esa verdad.

Así, con toda esa suma de contradicciones y acontecimientos que influenciaban y determinaban poco a poco mi conducta, y gracias también a la posibilidad de relativizar las cosas que me ofrecieron mis conversaciones con el padre Luis, me fui alejando de aquello que hasta entonces consideraba como determinante en mi definición como persona: lentamente, sin poder identificar ni el origen ni la conclusión del proceso, los pantalones de marca, las idas a bailar o las competencias por ver quién de mi grupo de amigas comía menos dejaron de ser importantes, para luego comenzar a sentirlas como actitudes superficiales y carentes de sentido. Ya fuera por peleas típicas de un grupo de adolescentes en pleno colegio secundario, por desinterés o por ambas cosas, me fui alejando de aquel grupo tan definido que se sentaba a la izquierda del aula, adquiriendo nuevas inquietudes y relacionándome con otras personas. El tercer grupo en discordia de mi clase se fue volviendo el mío por las mismas razones que determinaban la difusa existencia de aquel tercer grupo: no se trataba de ser todas iguales y uniformes, sino precisamente de constituirse a partir de nuestras diferencias. A partir de entonces ya no me relacionaría con un colectivo, sino con personas, con seres individuales que, en sus diferencias conmigo y entre ellas, establecían verdaderas relaciones de amistad.

Mi verdadero nombre, el que me había puesto mi mamá y con el que me había definido en los escasos quince días que pasé junto a ella antes de que la mataran, adquiría todo su sentido en este momento de mi vida. No imponiéndose sobre Analía, ni remplazándola, sino forjándola, preparando el terreno en el que ambas pudieran coincidir. Así, años después, cuando mis verdaderos orígenes me fueran revelados, los aceptaría con la certeza de quien sabe que no se trataba de ser dos personas al mismo tiempo, Analía y Victoria, sino que esas dos personas, esos dos nombres y esas dos historias eran la misma: yo.

IV. Definiciones

La década del noventa en la Argentina quedará para siempre en el imaginario colectivo como la "década menemista". Esos fueron los años en los que transcurrieron toda mi educación en el colegio secundario y mis dos primeros años de facultad. Electo Carlos Menem a la presidencia en 1989, las políticas económicas que implementó durante el primer lustro de su gobierno para controlar la hiperinflación fueron la privatización de las empresas estatales, el control de cambios establecido en la Ley de Convertibilidad, por la que el Banco Central garantizaba la equivalencia cambiaria entre el dólar y el peso argentino, la liberación de los precios y la desregulación de las importaciones. Al cabo de dos años de gobierno, con la llegada del que sería su ministro de Economía estrella, Domingo Cavallo, la aplicación de estas políticas comenzó a generar una ficticia sensación de bonanza, sostenida por un fácil acceso al crédito por parte de las clases medias y por el mejoramiento de ciertos servicios producto de las privatizaciones (principalmente los teléfonos, la televisión y el suministro eléctrico). Sin embargo, el crecimiento del país estaba signado por un aumento constante en la brecha entre ricos y pobres, y los índices de desempleo y de endeudamiento del país crecían sostenidamente año tras año.

El punto de inflexión de la primavera menemista se sitúa probablemente a finales de 1994, año de la reforma constitucional. La Constitución argentina data, independientemente de algunas reformas menores, del año 1853, y en ella se establecía una duración de seis años para el mandato presidencial, sin posibilidad de reelección. Fuertemente determinado a mantenerse en el poder, y sostenido por un alto índice de popularidad, Menem lanzó, junto con el principal partido de oposición, lo que se conoció como el "Pacto de Olivos", convocando a una consulta popular que permitiese la reforma de la Constitución y, por consiguiente, su reelección para un nuevo mandato.

Así, el año 1995 encontró al país con una nueva Constitución y un flamante presidente reelecto por un nuevo período de cuatro años. Todo estaba preparado para que fuese una gran fiesta, pero el Gobierno, cegado por sus ansias de perpetuarse en el poder y cada vez más víctima de una frivolidad sin precedentes que presentaba la elección de Menem como el político mejor vestido del mundo como un logro de su mandato, no supo anticipar las consecuencias de lo que se conocería como la "Crisis del Tequila". A finales de 1994 el Gobierno mexicano devaluaba su moneda y reestructuraba por completo su sistema financiero, generando una crisis financiera global en la región, de la que la Argentina salió muy mal parada: a pesar de mantener la paridad entre el dólar y el peso y de contener la inflación, el sistema financiero colapsó, provocando una recesión que duraría varios años y que golpearía, como siempre, a los más desfavorecidos, elevando el desempleo hasta casi el veinte por ciento de la población activa. La Argentina debía seguir endeudándose para pagar los vencimientos en los intereses de sus endeudamientos anteriores, aplicando políticas cada vez más draconianas y neoliberales, y sumiendo a inmensos sectores del país en situaciones de marginalidad de las que, más de diez años después, aún no terminan de emerger.

Ese fue el contexto en el que yo cursé el colegio secundario: un país abrazado al neoliberalismo, en el que las ideologías se daban por muertas y donde el individualismo primaba sobre cualquier tipo de conciencia solidaria. En aquel marco de "sálvese quien pueda", y tras pasar los primeros años del colegio colaborando en tareas solidarias en asilos de ancianos y orfanatos que reflejaban con crudeza la situación que atravesaba el país, yo no podía sino comenzar a cuestionar la forma de vida en la que me había instalado poco a poco: los pantalones de marca, las competencias entre mis "amigas" para ver quién estaba más flaca, las idas a bailar a los lugares de moda, fueron perdiendo paulatinamente peso frente a mis conversaciones con el padre Luis y frente a su idea de la historia. Solo conociendo aquello que nos había precedido podríamos ser capaces de evitar caer en los mismos errores, y comprender que un país en el que cada uno se ocupa de sus propios intereses es un país condenado a la anomia y al fracaso.

Pero no es menos cierto que yo apenas tenía quince años, y que sería injusto disfrazar de pura conciencia política un proceso complejo, en el que cada elemento contribuyó en su peso específico y su rol particular. Así, aunque las dudas respecto de mi grupo de amigas se habían instalado definitivamente y me cuestionaba cada día más el ideal de vida que se pregonaba en nuestro grupo, quizás el hecho determinante de mi ruptura con las chicas populares fue, como ya comenzaba a ser costumbre, un hombre. No recuerdo bien los hechos ni las situaciones, pero lo cierto es que mis enfrentamientos con una de las líderes del grupo llegaron a su punto más álgido cuando su novio, extraído de la pura cepa del IMPA y típico producto de la clase media del sur de la provincia de Buenos Aires, decidió enamorarse de mí, a lo que yo no me opuse con demasiada convicción, huelga decirlo. La pelea con las chicas fue, como todo por aquel entonces, visceral, y sin buscarlo conscientemente, me encontré al fin liberada de los imperativos del grupo. Para entonces yo ya había construido algunas relaciones por afuera, principalmente con quien se convertiría en mi amiga inseparable durante varios años, hasta entrar en la Facultad: Fernanda.

Fernanda era tanto estética como físicamente opuesta a mí: era rubia de ojos verdes, morena, aunque de tez mucho más clara que la mía y más delgada, era una pura representación de la juventud "stone" de la Argentina. No le recuerdo prácticamente ninguna prenda de vestir que no fuese negra, desde sus zapatillas Topper, la mítica marca nacional de ropa deportiva, pasando por los jeans rasgados hasta las eternas remeras con las inscripciones de sus bandas preferidas: Guns'n'Roses, Patricio Rey y sus Redonditos de Ricota, Sumo, los infaltables Rolling Stones y, por supuesto, Los Caballeros de la Quema. Esta última se convirtió rápidamente en nuestra banda preferida, y cada vez que podíamos la seguíamos de concierto en concierto, sin importar la distancia que nos separase del lugar donde tocaban.

Recuerdo que una vez, en pleno verano, Fernanda apareció en el patio de mi casa para convencerme de ir a ver a Los Caballeros de la Quema a Hurlingham, exactamente en la otra punta de la provincia de Buenos Aires. Para llegar hasta allí, teníamos que tomar el tren hasta la estación de Constitución, y después algún colectivo que nos acercara al lugar del concierto. El calor de aquel día era típicamente veraniego: la luz del sol era casi blanca, y quemaba la piel como si el fuego que desprendía se acercara hasta pocos metros de distancia. La eterna humedad del estío completaba el cuadro. A los treinta grados a la sombra que nos castigaban sin piedad se sumaba un setenta por ciento de humedad, que elevaba la sensación térmica hasta los treinta y siete o treinta y ocho grados.

Yo estaba cortando el pasto y aprovechando el sol de la tarde para broncearme y llegar lista a nuestras vacaciones en la playa. Es así, cuando una se va de vacaciones a la playa, tiene la obligación estética de llegar ya bien oscurecida por el sol. Enrojecer como un camarón es la mejor garantía para el ostracismo, y la función de retozar todos los días sobre la arena como un lagarto es la de afirmar el bronceado ya adquirido, para que después pueda mantenerse el mayor tiempo posible y sin peladuras tras el regreso a la vida activa y al colegio.

—En dos horas tocan Los Caballeros en Hurlingham —me dijo ni bien me vio, a modo de saludo.

—¿Dónde queda Hurlingham?

—No sé, cerca de Luján, creo.

Era suficiente información para mí. En un arranque de lucidez supe que me faltarían los argumentos para convencer a Raúl para que me diese su venia, por lo que me limité a cubrir el corpiño de la malla que llevaba puesta con una musculosa (la parte de abajo la llevaba oculta por un minúsculo short que dejaba mi personalidad al desnudo), a meter en una riñonera llaves, dinero y documentos, y a seguir con determinación a Fernanda en nuestra aventura. A las dos horas nos encontrábamos de pie frente al escenario, a escasos metros de Iván Noble, cantante de la banda e indiscutible número uno de nuestros amores de adolescencia, saltando y bailando como posesas y entonando de memoria todas las letras de sus canciones.

Apuesto al Quijote aunque ande rengo.
Brindo por tipos sin antifaz.
Me abrazo a la rabia de los vencidos
Que cruzan sin mapas la oscuridad.
Hasta estallar. Hasta estallar.

Todo habría sido perfecto si no fuese porque, tras un concierto tan intenso como largo, tocaba el turno de regresar por donde habíamos venido. Éramos dos chicas de apenas quince años, más desnudas que vestidas, a las tres de la mañana en Constitución, una de las estaciones de tren más peligrosas de la Capital. Todo nos parecía amenazador, al tiempo que intentábamos darnos la una a la otra una imagen de confianza que atenuase nuestro pánico. Y sin embargo, la imagen que más me perturbaba era la de mi regreso a casa, de donde me había ido sin avisar, y de lo que diría Raúl cuando me tuviese a su alcance.

No sé cómo llegamos aquella noche, pero llegamos, tarde y con el rabo entre las piernas. Lo que yo anticipaba como una furia descontrolada de Raúl se convirtió en el alivio de verme bien, como sucedería tantas otras veces a lo largo de mi vida. Escribir sobre Raúl, recordarlo en aquellos momentos en los que para mí era un padre, en los que yo me sentía (y me sabía) la luz de sus ojos, su "princesa", pone dolorosamente en evidencia la herida imposible de cicatrizar que representa mi relación con él. Para una hija, para un hijo, los padres no son personas, no tienen una vida que los defina más allá de ser padres. Para mí, Raúl era mi padre, un comerciante que había formado parte de la Prefectura hacía muchos años, y cuyas opiniones, cada vez más opuestas a las mías, eran la simple consecuencia de que él era viejo y yo joven. Cada uno pensaba como le correspondía. En tanto padre, Raúl era devoto aunque distante, estricto pero justo. Y yo, en tanto hija mayor, sabía exactamente cómo ganarlo por sus puntos débiles, cómo hacerme perdonar lo imperdonable, sintiéndome inmensamente querida y respetada por él. Como cuando, frente al póster del "Che" que había puesto del lado del pasillo, en la puerta de mi cuarto, no reaccionó como un monstruo incapaz de soportar a los "zurditos", arrancándolo de cuajo y castigándome sin comer durante días. Simplemente me hizo colgarlo del lado de adentro de mi habitación. O cuando transformé en hilachas los pantalones de marca que tanto le había insistido para que me comprara, rasgándolos con una Gillette para adecuarlos a mis nuevas tendencias en la moda, y él se limitó a explicarme que nunca más gastaría un centavo en ropa para mí, para luego olvidarlo ante mi siguiente pedido. O cuando observaba incrédulo pero en silencio a su hija vestirse de los pies a la cabeza con calaveras, en los anillos, collares, en las impresiones de sus remeras y en los pañuelos que llevaba en las muñecas y atados a la cabeza.

Cuando anteriormente hice referencia a los mellizos Reggiardo-Tolosa y a lo que significó para ellos el circo mediático que se montó por entonces a su alrededor, cuyas consecuencias siguen pagando ellos y su verdadera familia al día de hoy, pensaba precisamente que cuando todo sucedió tenían la misma edad que yo en mis aventuras con Fernanda. Si hoy la ambigüedad de mi relación con Raúl me resulta soportable, si soy capaz de acercarme a él y a Graciela sin por ello negar mi verdadera identidad ni el rol que ellos tuvieron en que yo tardase tanto en descubrirla, es principalmente porque para cuando conocí la verdad ya era una persona adulta, y podía separar al Raúl de mis recuerdos del Raúl-persona, aquel que había participado de las torturas en la ESMA, el integrante del Grupo de Tareas 3.3.2, mi apropiador. Y sin embargo, cada uno con sus dolores, sus duelos y sus sufrimientos, los nietos recuperados seguimos sin ser ni una quinta parte del total de niños desaparecidos durante la dictadura o nacidos durante el cautiverio de sus padres. Más de cuatrocientas personas, de cuatrocientos adultos, siguen sin saber quiénes son realmente, quiénes fueron sus padres, cuáles son sus verdaderos orígenes. Pero yo, así como todos los demás, soy la prueba de que la verdad, tarde o temprano, termina por surgir. Y surgirá.

Ese mismo verano Fernanda, quien para entonces ya se había convertido en mi ídola absoluta, vino con mi familia de vacaciones a la playa, a San Bernardo. Las vacaciones eran el tiempo de mayores libertades y de mucha autogestión, amén de que por única vez en el año se nos permitía ir a bailar en el horario de la noche, y no en la tan mentada "matinée" a la que estábamos condenadas durante el año. Así fue como una noche, tras habernos comprado unos zapatos de plataforma que aportaban veinte centímetros de corcho a nuestra estatura y dificultaban nuestra marcha como si de zancos se tratase, negociamos con Raúl nuestra salida a bailar, con toque de queda previsto para las seis y media de la mañana.

No sabíamos muy bien adónde ir, por lo que nos limitamos a seguir a la masa de jóvenes que circulaban por la calle principal, avanzando a trompicones con nuestros zapatos de plataforma, hasta que encontramos un lugar que nos parecía correcto para descargar nuestras ansias de movimiento. Bailamos sin parar hasta las seis de la mañana, en medio de la música ecléctica de las discotecas de los centros vacacionales, que combinan sin pudor éxitos del rock nacional, imitaciones de nuevas tendencias en música electrónica y más que dudosos "hits" del verano. Para cuando abandonamos el lugar ya comenzaba a amanecer, y en cuanto estuvimos en la calle comprendimos que habíamos salido por una puerta diferente a la que habíamos entrado, lo que atentaba definitivamente contra nuestro escasísimo sentido de la orientación. El único punto de referencia del que yo me acordaba era un gigantesco globo aerostático con la publicidad de 7-Up sobre la playa, a la altura del cual teníamos que doblar para avanzar cien metros más y llegar a nuestra casa. Pero para acceder a él, primero teníamos que encontrar la playa. En parte por la hora que era, en parte por cómo íbamos vestidas y principalmente por mi necesidad de hacer las cosas sin ayuda, ni Fernanda ni yo teníamos intención de avergonzarnos frente a extraños preguntando dónde quedaba la playa, por lo que la buscamos por nuestra cuenta en un proceso que nos llevó no poco tiempo. Una vez que llegamos hasta la orilla del mar y nos quitamos las que para aquel momento ya sentíamos como botas de astronauta, comenzamos a caminar en busca del tan mentado globo, con el sol ya claramente elevándose sobre el horizonte. Caminamos y caminamos, y en un momento de nuestro periplo nos cruzamos con dos muchachos algo más grandes que jugaban al tenis de playa.

Sin dirigirse especialmente a nosotras, comenzaron a tirar la pelota en la dirección en la que caminábamos, siguiéndonos como por casualidad y haciendo comentarios entre ellos de tanto en tanto. Al final ya caminábamos los cuatro juntos por la playa, sin cuestionarnos hacia dónde nos dirigíamos ni en cuánto tiempo llegaríamos. Al fin, tras un tiempo largo de caminata mechado con chistes y comentarios, uno de ellos nos preguntó si estábamos viviendo en San Bernardo o en Mar del Tuyú, una playa a pocos kilómetros de la primera.

—En San Bernardo, ¿por qué? —contesté con suficiencia.

—Porque estamos entrando en Mar del Tuyú. San Bernardo es para el otro lado.

Sin darnos cuenta, habíamos caminado exactamente en la dirección contraria al dichoso globo de 7-Up, y para colmo de males ya eran las ocho y media de la mañana, dos horas más del toque de queda impuesto por Raúl como condición para dejarnos ir a bailar. Tuvimos que desandar todo el camino recorrido, siempre en compañía de nuestros dos escuderos, que para entonces ya tenían nombre: Jorge y Mariano. Para cuando llegamos finalmente a la casa, ya eran las diez de la mañana, y frente a la puerta nos esperaban Raúl y un policía, venido especialmente por nosotras.

Al día siguiente y por unas cuantas jornadas más no tuvimos autorización para volver a salir, y debimos quedarnos por la noche castigadas en la casa. Pero Mariano y Jorge vinieron a visitarnos, y se quedaron charlando con nosotras frente a la puerta de calle. En ese momento se sellaba una relación de amistad que haría de ambos, y sobre todo de Mariano, la bisagra que terminaría de definirme políticamente, y que me abriría el camino de la militancia.

No pasó demasiado tiempo antes de que me hiciese muy amiga de Mariano, y terminara por dejar a aquel chico del IMPA que me había costado mi puesto dentro del grupo de las "dominantes". Tanto mi relación con Mariano como con Jorge cuentan entre las más importantes de mi adolescencia, a nivel sentimental y de amistad. Las relaciones de nuestros dos grupos marcaron mi apertura hacia personas de extracción social muy diferente a la mía: Mariano, Jorge y sus amigos eran originarios de Solano, un barrio humilde del partido de Quilmes, tenían tres años más que nosotras y en su mayoría habían dejado el colegio secundario para trabajar y dedicarse a la música. Mariano era alto, flaco y de pelo negro, lacio y largo, que llevaba casi siempre mojado, como si acabara de salir de la ducha. Él era el cantante de la banda de rock que tenían entre ellos, y con Fernanda y Nancy, la tercera en discordia de mi nuevo grupo de amigas, los seguíamos a sus recitales y cantábamos sus canciones como en su momento habíamos cantado y bailado al son de Los Caballeros de la Quema.

A pesar de nuestra supuesta rebeldía, de nuestros gustos musicales y de nuestra forma de vestirnos, la realidad era que no dejábamos de ser unas jóvenes adolescentes de colegio de monjas, y nuestros únicos contactos con los hombres se daban fuera de la institución, lo que otorgaba un valor agregado a nuestro nuevo grupo de amigos. Nosotras apenas tomábamos algún vaso de cerveza de tanto en tanto, mientras que muchos de ellos tomaban incluso cocaína antes de los conciertos, ante nuestros ojos, como si fuera (y quizá lo era) algo que no había por qué ocultar. Ese tipo de diferencias culturales nos llevaron a algunos enfrentamientos, y alguna vez han tenido que llamarme un remise para volver de improviso a mi casa, tras no poder soportar la imagen de verlos calentando un plato y picando aquel polvo blanco que me era tan poco familiar.

Pero nuestras diferencias se veían permanentemente opacadas por nuestra complicidad, por la amistad que me unía a Jorge y Mariano. Fue junto a ellos que aquella observación de la profesora Silvia o el relativismo histórico del padre Luis pasaron de ser visiones diferentes a exigir una cierta definición de mi parte. Mariano era joven, músico, pasablemente pobre y se reivindicaba como parte de una izquierda apolítica pero fuertemente movilizada, típica de los años neoliberales de la Argentina en los que la tan aclamada "muerte de las ideologías" parecía autorizar a quienes estaban en el Gobierno a todo tipo de abusos democráticos. Raúl, otro tanto. Frente a ellos mi discurso ambiguo, en el que una cierta conciencia social convivía con una defensa a ultranza de la Policía y las Fuerzas Armadas, ya no pudo sostenerse sin ser puesto en cuestión, confrontado y llevado hasta sus más flagrantes contradicciones.

Este proceso de concientización fue el mismo que me fue alejando políticamente del discurso que predominaba en mi casa, y si bien Raúl y yo seguimos compartiendo nuestro interés por la política y los avatares de la Argentina, comenzó a forjarse ente nosotros un espacio de no-discusión, en el que cada vez entraban más sujetos tabú. Por aquel entonces comencé a escuchar con verdadera atención las historias del pasado reciente, aunque todavía era incapaz de concebir hasta qué punto aquel pasado me concernía. Raúl seguía sosteniendo la idea de una "guerra sucia", en la que dos bandos se habían enfrentado: por un lado, los militares, último baluarte de los valores cristianos y nacionales; por el otro, un ejército de revolucionarios sin Dios ni Patria. En aquella guerra, las torturas, las desapariciones, los cuerpos con vida arrojados al mar desde aviones de la Fuerza Aérea, eran minimizados hasta convertirse en "excesos" que, por supuesto, habían sido cometidos por ambos bandos. El razonamiento no iba mucho más allá, entre otras cosas porque su principal sostén son la vaguedad y la falta de detalles. Aun así, su participación en aquella "guerra sucia" nunca fue para mí algo que excediese lo anecdótico, ni siquiera cuando mi opinión respecto de la dictadura y mi información sobre lo que había sucedido eran lo suficientemente sólidas. Cuando años después Raúl, quien para mí seguía siendo mi padre, el padre de Analía, apareció en la lista de pedidos de extradición del juez español Baltazar Garzón por crímenes de tortura y asesinato durante la dictadura, aquello representó para mí, junto con la tragedia griega que le sucedería, un baldazo de agua fría y una sorpresa tan inconmensurable como lo fue, apenas tres meses más tarde, la revelación de mi verdadera identidad.

Pero aquel futuro siniestro y a la vez liberador se encontraba todavía lejos, y de momento yo seguía desarrollando mi relación con Mariano y Jorge. Gracias a ellos pude completar una conciencia social adquirida durante mis trabajos solidarios en la iglesia con el impulso de la rebeldía, comprendiendo que ante lo inaceptable no basta con intentar ayudar para cambiarlo, sino que es necesario acompañar las acciones con una voz, con una protesta fuerte y clara que indique nuestro descontento.

En cierto sentido, es como si Mariano y Jorge me hubiesen definitivamente permitido canalizar en mi interior la fuerza de Cori, de mi madre, que pugnaba por salir: en mis conversaciones con él, en su manía de no perdonarme ninguna afirmación sin tener que justificarla, Cori fue encontrando una forma de crecer, de llevar mi rebeldía y mi necesidad de cuestionar todo hacia un lugar en el que además adquiriese un sentido, una misión, una idea de justicia. Porque si bien no sería hasta más adelante que pudiese encontrar en mi necesidad de adquirir responsabilidades políticas y en la seriedad con la que las asumía algo del carácter de mi papá, mi mamá ya bullía en mí desde siempre, de la única manera en la que siempre había sabido hacerlo: en medio del caos. Frente a mí, sin que yo pudiese verla, Cori ya no se iba cargando el bolso marinero repleto de armas y gritando "¡Cagones!", sino que se giraba y me sonreía, esperando que la siguiese.

Así, entre las interminables conversaciones e intercambios con Mariano y Jorge, entre mi amistad a prueba de balas con Fernanda y mi necesidad de comenzar a hacer algo concreto con todas mis inquietudes políticas y mis ganas de intervenir, de actuar de alguna manera que pudiese hacer la diferencia, fui terminando el colegio secundario. Durante mi último año en el Instituto Sagrada Familia, comencé a interesarme por las opciones que me presentaban los estudios universitarios, en vistas a comenzar el Ciclo Básico, primer año común a todas las carreras de la Universidad de Buenos Aires. Yo dudaba seriamente entre seguir la carrera de Sociología, más acorde con mis incipientes inquietudes políticas, o Derecho, suerte de carrera "comodín" que permite tanto concentrarse en ser abogado por el solo afán de ganar dinero como utilizarla como una sólida formación general, como una base para después dedicarse a otra cosa. Y, una vez más haciendo desde el presente una lectura del pasado, vaya aquí otra coincidencia de esas que me hacen de tanto en tanto pensar en una suerte de determinismo de los genes: mi mamá había comenzado a estudiar Sociología cuando entró en la Universidad, y mi papá, Derecho. Ambas carreras se daban por aquel entonces en el mismo edificio, el de la Facultad de Derecho en Avenida Figueroa Alcorta, la misma que unos kilómetros más al norte pasa frente a la puerta de la ESMA. Ante mis dudas vocacionales, fue una vez más Raúl quien vino a terciar en la disputa. Creo que la sola idea de que yo me encontrase cursando mis estudios de Sociología en aquel "nido de zurdos" que era la Universidad de Buenos Aires le provocaba repulsión, por lo que salomónicamente me ofreció dos opciones no negociables. Si era Derecho lo que quería estudiar, sería en la UBA. Pero si por el contrario elegía Sociología, entonces me inscribiría en una universidad privada que le garantizase que no me "lavaran el cerebro": la elegida era la Universidad Católica Argentina, que en los últimos años de los noventa se había convertido en uno de los centros académicos de la *intelligentsia* menemista.

Por supuesto, terminé eligiendo Derecho. Imagino que desde algún lado Cori y el Cabo sonreirían viendo cómo su hija no solo había dudado entre las dos carreras que ellos habían elegido, sino que pronto se encontraría recorriendo los mismos pasillos que ellos habían transitado, cursando en las mismas aulas, y militando activamente en una agrupación que reivindicaba los mismos ideales por los que ellos, en su momento, llegaron a dar sus vidas.

Fernanda, por su parte, había decidido estudiar Psicología, y fue gracias a las inquietudes de mi mejor amiga y a su capacidad de convencerme para que la siguiese en todas y cada una de sus locuras que volví a encontrarme realizando trabajos comunitarios, y que resurgió con más fuerza que nunca en mí la necesidad de comprometerme activamente con mis ideas políticas. Todo comenzó cuando acompañé a Fernanda a la Facultad de Psicología para buscar información sobre programas, actividades y cuestiones relacionadas con su futura carrera. Allí encontró en el tablero de anuncios un volante de la asociación ABC Locura, que solicitaba colaboradores para realizar tareas de resocialización de los pacientes del Borda, el hospital psiquiátrico para hombres más grande de Buenos Aires, y probablemente de la Argentina. No sé cómo sucedió, ni cuál fue la exacta cronología de las cosas, pero cuando salimos del edificio de Avenida Independencia, ambas teníamos una cita el lunes siguiente, frente a la entrada principal del Borda, para nuestro primer día de trabajo voluntario.

El Hospital Neuropsiquiátrico José Tiburcio Borda es un gigantesco complejo de quince manzanas, situado cerca de la estación de trenes de Constitución y repleto de jardines y edificios en los que funcionan laboratorios de investigación e instituciones parapsiquiátricas. En su interior conviven más de mil internos y otros tantos pacientes ambulatorios. Fundado durante la segunda mitad del siglo XIX, lo que en su momento fue uno de los más grandes y ambiciosos proyectos en neuropsiquiatría de América Latina hoy es un predio en ruinas, donde los edificios apenas se mantienen en pie, los pacientes pasan la mayor parte del tiempo librados a la buena de Dios por la falta de personal, y la ausencia casi total de seguridad hace de los pequeños robos y agresiones moneda corriente.

Para nuestra primera vez en el Borda llegamos, como siempre que Fernanda formaba parte de nuestra actividad, tarde. No sé cómo lo conseguía, pero era capaz de llegar con retraso incluso saliendo horas antes de cualquier encuentro. Todos poseemos detalles distintivos, que vienen a la mente de cualquiera en cuanto piensa en nosotros. E incluso cuando pienso en Fernanda, llega tarde a mis recuerdos. Era pleno invierno en Buenos Aires, por lo que las ocho, hora de nuestro encuentro en el hospital, ya era una noche cerrada y sin estrellas. Llegamos ateridas de frío y vestidas con nuestros uniformes del colegio, dos adolescentes ruidosas y muertas de miedo intentando encontrar a las personas que integraban el taller en el que participaríamos. Cuando por fin encontramos a alguien que nos señalara hacia dónde dirigirnos, el guardia de seguridad nos mandó a un edificio aledaño, donde tendríamos que atravesar un pasillo hasta una puerta en el fondo; allí estaba indicado el nombre del taller. El pasillo se hallaba mal iluminado, con la luz blanca de las lámparas de neón que resultaba insuficiente para sentirse seguro, pero alcanzaba para poder distinguir en las estrechas paredes las manchas de humedad y los enormes parches de muros descascarados interrumpidos sin cesar por puertas angostas que conducían a destinos desconocidos. Y al final del pasillo, un hombre apoyado contra la pared, que nos miraba en silencio mientras con el dedo de la mano derecha cruzaba una y otra vez su garganta, en un inequívoco signo de degüello. No sé cómo finalmente conseguimos llegar, pero aquella primera imagen fue muy representativa de lo amenazador que resultaba el hospital una vez que el sol se escondía y ganaba la noche.

Debo reconocer que, a pesar de que la incansable voluntad de Fernanda le permitió continuar participando de los talleres de resocialización durante varios años más, mis actividades junto a ella apenas duraron un par de meses. La impunidad que me otorga contar fragmentos de una vida que pocos conocen me permitiría reflexionar acerca de mi rol en el Borda, o de cómo sentía (y lo sentía) que no era en aquel lugar donde yo podría marcar una diferencia, establecer un lazo entre mis convicciones y mis actos. Pero la realidad es que ese ambiente me daba miedo, y la mejor manera de que a una le sucedan cosas desagradables es estar siempre predispuesta a que así sea. Nunca me sentí cómoda en los talleres, y presenciar la impotencia constante que ritmaba los días de la institución psiquiátrica me entristecía profundamente.

La gota que rebalsó el vaso no fue entonces la de la tristeza, sino la del miedo: una día mientras jugaba a las damas con un paciente ambulatorio en uno de los inmensos jardines del hospital, éste encontró un oportuno sinónimo de "coronarme" al volcarme en la cabeza un inmenso bol de pochoclo que estaba comiendo. Intentando contener las lágrimas, ese día me fui antes de tiempo, y fue el último como voluntaria en el Borda. Fernanda sabría disculparme, pero yo prefería guardar mi indignación para el sufrimiento de los demás, y no para el mío.

Y mientras seguía buscando un espacio en el que canalizar mis inquietudes y mis energías, cada vez me sentía más identificada con aquel personaje a quien el padre Luis me había presentado mediante la lectura de sus obras completas: el "Che" Guevara. Si bien mi primera aproximación a sus ideas fue la de su escritura, yo también seguí el camino clásico de muchos adolescentes argentinos y del mundo, ligándome a su imagen mediante las bondades del *merchandising*. Así, además del viejo póster, ya cómodamente instalado en el interior de mi habitación, se había sumado a mis ropas habituales una boina como la del comandante, de la que durante mucho tiempo apenas me separaba para bañarme y dormir. Desde luego, esto me generaba nuevas tensiones con Raúl, que no parecía querer resignarse a los derroteros que tomaba la ideología de su hija.

Pero "lo peor" estaba por llegar: cuando al fin comencé con los cursos del Ciclo Básico Común, muchos de ellos en la misma sede de la Facultad de Derecho donde luego cursaría mi carrera, me encontré, como todos, frente a la interminable sucesión de mesas en la entrada donde se instalaban los diferentes partidos políticos y organizaciones que trabajaban en el Centro de Estudiantes de la Facultad. Por aquel entonces la Facultad de Derecho era un bastión de la derecha política, e incluso la Franja Morada, la rama estudiantil de la Unión Cívica Radical, partido que se definía como de centro-izquierda, debía acercar sus posiciones políticas a las de la mayoría silenciosa que votaba en los claustros. Y entre todas las mesas, entre todas las banderas, afiches, volantes y abordajes varios de parte de cuadros políticos de diversos colores y estilos, pude distinguir la bandera de "Venceremos". Quizá se tratase de una identificación primaria con aquella enorme bandera argentina en la que destacaba la figura de mi idolatrado "Che", o tal vez fue la forma en la que aquella persona se acercó a mí para hablarme y ofrecerme la publicación del movimiento, o el hecho de que no viniese a explicarme qué pensaban y hacían ellos, sino a discutir la realidad del país... el caso es que me detuve frente a aquella mesa, prestando atención a lo que me contaban, e interesándome particularmente en las tareas sociales y voluntarias que por aquel entonces realizaban en las zonas carenciadas del barrio de La Boca, en el sur de la ciudad de Buenos Aires. "La Venceremos", agrupación universitaria perteneciente a la Corriente Patria Libre, se reivindicaba como un movimiento revolucionario y nacionalista, decididamente enfrentado a las políticas neoliberales del ya agonizante gobierno de Carlos Menem y a las presiones internacionales que asfixiaban al país bajo la forma de una deuda externa impagable y de programas económicos dictados desde los mismos organismos internacionales que poseían los títulos de aquella deuda.

No es raro, al menos en mi vida, que las decisiones más trascendentes, aquellas que llevan en su seno un altísimo grado de implicación y cuyas consecuencias están destinadas a teñir el resto de mi existencia, las tome por impulso, sin reflexionar demasiado o incluso sin reflexionar en absoluto. En aquel momento, si me hubiese detenido a pensar en lo que significaría para Raúl mi decisión, si hubiese comprendido todo lo que tendría que poner de mí en adelante, quizás hubiera seguido mi camino. Pero yo salía de un frustrado intento de volver al trabajo comunitario con los internos del Borda, el "Che" me miraba desde su bandera como esperando algo de mí, y mi necesidad de encontrar un marco en el que desarrollar una acción política dieron el último y necesario pequeño impulso para anotarme como voluntaria en los talleres comunitarios que proponía la agrupación.

Mis comienzos en la militancia no fueron fáciles: una cosa era ser rebelde de puertas para dentro, enfrentar a Raúl desde un discurso político aún embrionario y canalizar mis energías en las tareas solidarias de la iglesia o de organizaciones no gubernamentales, y otra muy distinta era adherir a un movimiento político con una clara vocación revolucionaria y de izquierda en la que el compromiso se traducía en horas y horas de dedicación a la militancia. La primera solución que encontré para no tener que asumir un enfrentamiento directo en mi casa fue la de mentir: durante los primeros meses, para poder ir a las reuniones de la Venceremos o para participar en los talleres de La Boca, me inventé una iglesia en la Capital, en la que realizaba trabajos comunitarios y colaboraba en tareas barriales. Durante un tiempo la estrategia funcionó, entre otras cosas porque en mi casa estaban seguramente contentos de que hubiese vuelto a colaborar con una iglesia, evitando las malas influencias de la politizada Universidad de Buenos Aires.

En el barrio de La Boca organizábamos talleres de apoyo escolar para los chicos y, en tanto estudiantes de Derecho, asesorías jurídicas para quienes no podían permitirse la contratación de un abogado. La organización bajo la que se nucleaban estas actividades era el Grupo de Estudiantes Solidarios, perteneciente a la Venceremos. Con la colaboración de los vecinos del barrio que donaban pan, galletitas, leche en polvo y otras cosas, ofrecíamos también una merienda para los chicos que venían a los talleres. Al principio funcionábamos en una mutual de la zona, pero al poco tiempo nos desalojaron, y ocupamos el sótano de un enorme conventillo del barrio. Era una tarea muy demandante, no solo por las horas de dedicación que exigía, sino por la dificultad constante de enfrentarse a las situaciones extremas de la miseria de la gente. Día tras día, todo era como empezar de nuevo, y cada problema se presentaba en principio como irresoluble. En aquellas condiciones, era necesario un nivel altísimo de motivación y de convicción respecto de los propios actos para no bajar los brazos ante el enésimo revés. Pero allí confirmé al fin lo que sospechaba desde siempre: si algo me sobraba en esta vida, si poseía alguna característica en cantidad suficiente como para repartir, esa era la motivación que, unida a mi testarudez y al vínculo que poco a poco fui formando con mis compañeros de militancia, hizo que por primera vez sintiera que al fin había encontrado una vía para la acción política.

A partir de entonces, la militancia se convertiría sin ninguna duda ni matiz en el centro de mi vida: mis estudios, mis actividades curriculares y extracurriculares, mis amistades y mis enemistades giraban en torno a la militancia. No son pocos quienes creen que se avanza en la vida en busca de algo que le otorgue un sentido, una trascendencia que exceda la trinidad del "nacer, reproducirse y morir". Yo me considero una de quienes creen esto, y lo reafirmo más aún desde que comencé a militar en la Venceremos. Y si desde el primer día mi actividad política fue el eje que articulaba mi vida, cuando conocí la verdad sobre mis orígenes, cuando supe quiénes habían sido mis padres y que habían luchado por lo mismo que me encontraba luchando yo, la militancia se convirtió también en el salvavidas que evitó que me hundiese, que me desarticulara como una marioneta soltada por aquellos que la habían manejado desde siempre y sin su conocimiento. A diferencia de tantos otros nietos recuperados, al conocer la verdad sobre mis padres, sus ideas y las razones de su muerte, no debí poner en cuestión una ideología mamada desde la cuna y que sostenía teorías como la de la "guerra sucia". Mis ideas las había desarrollado sola, eligiendo mis influencias y confrontando lo que hubiese que confrontar, y al conocer a mis padres no pude sino sentirme orgullosa de ellos, y saber que, en algún lado, ellos también estaban orgullosos de mí.

Pero a pesar de que cada vez se acercaba más, el momento de las revelaciones aún no había llegado, y yo debía hacer complejos malabares para ocultar mi militancia a Raúl. Y cuando pienso en aquellos años, cuando recuerdo mis discusiones sobre mi boina del "Che" o mis intentos por convencerlo de lo imposible, me viene a la mente otra figura que, aunque poco presente, acompañó mi crecimiento. Se trata de alguien a quien llamaba "tío", quien siempre se me presentó como mi padrino de bautismo, un gran amigo de Raúl de sus tiempos en la Prefectura. Él era el que todos los años me enviaba religiosamente para mi cumpleaños un regalo, el que las tres o cuatro veces que lo vi durante mi infancia y mi adolescencia me llamaba "negrita", pero que a medida que cambiaba, que me iba volviendo menos dócil y que comenzaba a discutir todo lo que podía, comenzó a llamarme "zurdita". Mi supuesto padrino, el prefecto Héctor Febrés. El encargado del "sector 4" de la ESMA, el sector de las embarazadas. El que me arrancó de los brazos de mi madre. Mi secuestrador.

V. Venceremos

E l prefecto Héctor Febrés se desempeñó como jefe de Inteligencia de la ESMA entre 1977 y 1981, estando principalmente a cargo de lo que se conocía por aquel entonces como el "sector 4". Allí se encontraban varias de las salas de torturas y la "Sardá de la ESMA", la improvisada maternidad donde daban a luz las mujeres secuestradas embarazadas, antes de ser asesinadas (o "trasladadas", como prefería denominarlo el cínico humor castrense). Febrés era el encargado de hacerles escribir una carta a sus familias, en las que les solicitaban que se ocuparan de su hijo o su hija hasta que ellas pudiesen salir en libertad. De más está decir que las familias jamás recibían aquellas cartas, de la misma manera que ninguna de las mujeres que dieron a luz en la ESMA salió nunca en libertad. Una vez que recuperaba a los bebés, Febrés se ocupaba de prepararles el ajuar con el que se los entregaría a sus apropiadores, inscriptos previamente en listas que, se supone, alguna vez existieron en las oficinas del Hospital Naval. En su alegato en el juicio a las juntas militares en 1985, que luego se ocupó de desmentir, sostuvo que él se preocupaba por aportar un carácter más "humano" a lo que sucedía en la ESMA. Quizás es por eso que, quienes lo conocieron, afirman que pagó de su propio bolsillo la ropa con la que me vistió cuando fui entregada a Raúl y Graciela.

En la ESMA, los principales jefes utilizaban siempre nombres de guerra de animales: Jorge "Tigre" Acosta (jefe de Operaciones), Alfredo "Cuervo" Astiz (encargado de Inteligencia), Rubén "Delfín" Chamorro (responsable del predio de la ESMA y orgulloso dueño de la "Sardá"), Jorge "Puma" Ferren (jefe del Grupo de Tareas)... Pero el sobrenombre de Febrés era "Selva", porque cuando torturaba, era como todos los animales juntos y desatados. Los testimonios de los escasos sobrevivientes del centro de torturas lo recuerdan como alguien muy duro con la picana eléctrica, que disfrutaba particularmente torturando. En tanto integrante de la Prefectura, Febrés, también conocido como el "Gordo Daniel", funcionaba como nexo entre su fuerza y la Marina, integrando o comandando muchos de los operativos llevados a cabo por las "patotas".

Tras años de impunidad y de una libertad que no fue sino un regalo del Gobierno, las leyes de Punto Final y de Obediencia Debida que permitían que Febrés llevase adelante una vida sin sobresaltos fueron anuladas por el Congreso de la Nación. Aun así, debieron pasar todavía cuatro años hasta que, en el 2007, "Selva" fue procesado y llevado a juicio. A pesar de existir la llamada "megacausa" de la ESMA, y a pesar de diversos testimonios que lo implicaban no ya en casos puntuales sino en la logística del centro de torturas, como un personaje sádico y cruel capaz de decidir sobre la vida o la muerte de quienes se encontraban prisioneros allí, Febrés fue procesado en solitario, y tan solo por cuatro casos de privación ilegítima de la libertad y de torturas. Nada de asesinatos. Nada de apropiación de bebés. Y tras todos aquellos años de impunidad, tras las infinitas idas y vueltas de la política argentina que hacían pasar a las víctimas sin pausa de la esperanza a la desazón, las organizaciones de derechos humanos y los querellantes no podían permitirse dejar pasar la posibilidad de juzgarlo, aunque más no fuera por cuatro crímenes y no por los trescientos que llenan las fojas de la causa ESMA. Una vez más, como ya habían hecho en tantas otras ocasiones, Carlos Lorkipanidse, Josefa Prada de Oliveri, Julio Margali y Carlos Alberto García relataron las vejaciones y violencias a las que fueron sometidos por aquel personaje, su placer y particular ensañamiento en las sesiones de tortura y actos casi imposibles de concebir, como cuando para hacer hablar a Lorkipanidse fue capaz de colocar sobre su pecho a su hijo de apenas veinte días, antes de pasarle la picana por todo el cuerpo.

Pero la impunidad no parece tener fin en la Argentina, y cuatro días antes de que fuese leída su sentencia, Febrés, que gozaba de la ventaja de estar encerrado en una prisión perteneciente a la Prefectura, su propia fuerza, y donde era tratado a cuerpo de rey, apareció muerto, misteriosamente envenenado con cianuro, el 10 de diciembre de 2007. La sentencia nunca fue leída y el juicio suspendido por fallecimiento del imputado, que dejaba este mundo sin castigo por sus crímenes. En el primer juicio a los militares por crímenes contra la humanidad desde la anulación de las llamadas "Leyes de Impunidad", el castigo a los culpables, incluso si ese castigo era por una ínfima parte de los crímenes cometidos, se escurría por entre los dedos de las víctimas. Y con la desaparición de Febrés, desaparecía también la posibilidad más concreta de conocer el destino de los aproximadamente quinientos bebés que, como yo, nacieron durante el cautiverio de sus madres o fueron secuestrados con ellas. Una vez más, parece triunfar la ley del silencio. Pero esto, treinta años después, aún no ha terminado. De hecho, no hace sino comenzar, y al final, se hará justicia.

A ese personaje siniestro, a ese asesino y torturador que me arrancó de los brazos de mi madre prometiéndole que me llevaría con mi familia, yo lo llamaba "tío". El solo recordarlo me produce escalofríos.

No es mi intención aquí pretender que existen diferentes grados de responsabilidad; que frente a las torturas, la privación de la libertad y los asesinatos hay personas menos culpables que otras: todos aquellos que participaron de los centros de muerte como la ESMA deberían estar tras las rejas, sin importar si obedecían las órdenes o las impartían. Los diferentes roles determinarán la extensión de la pena, pero nunca los niveles de responsabilidad. Sin embargo, una cosa es el castigo que debe ser impartido ante un crimen, y otra muy distinta es cómo los diferentes personajes que desfilaron por mi vida son asimilados hoy por mí desde perspectivas diferentes, en función esta vez sí del rol que jugaron en mi historia y en la historia de la Argentina.

De entre todos los personajes que componen mi historia, a través de todas las gamas de grises que puedan aceptarse entre la culpabilidad y la inocencia, hay dos cuyos roles son indiscutiblemente corrosivos, dañinos. Uno de ellos es Héctor Febrés, aquel hombre gordo y repleto de un aire de seguridad y confianza, aquel que solía bromear conmigo llamándome "zurdita" cuando me veía llevando mi sempiterna boina del "Che".

El solo pensar que alguna vez lo abracé, que lo llamé tío, que agradecí cada uno de los regalos que me enviaba religiosamente todos los años el día de mi cumpleaños (un día falso, arbitrario, que él mismo se había ocupado en su momento de inventar), me revuelve el estómago y desata permanentemente en mí una lucha incansable por no odiarme a mí misma. Ese personaje siniestro estuvo frente a mi madre antes de que yo naciera, le hizo escribir una carta a mis abuelas pidiéndoles que se ocupasen de mí, me arrancó de sus brazos apenas quince días después de nacer y me entregó a uno de sus amigos para que me criase, con otro nombre, con otra identidad y sin pasado. Y sin ningún remordimiento que pudiese hacer pensar que se trata de un ser humano, fue el padrino de mi falso nacimiento, aceptando simbólicamente con ello que "nunca me faltase nada". Nada, como un nombre, unos padres, una vida, una herencia. Su muerte, sospechosa y frustrante, quedará como símbolo de los códigos de silencio que viven aún hoy entre los asesinos de la dictadura, y como la muestra cabal de que, aunque derrotados, aquellos que en su momento decidieron sobre la vida y la muerte de miles de personas todavía ocupan los suficientes espacios de poder como para seguir haciéndolo, en total impunidad.

Pero mayor aún que el rechazo que me provoca un personaje como Febrés es el que siento hacia aquella persona con la que me une un lazo que no puedo negar ni deshacer, por cuanto se trata de un lazo de sangre. Se trata de mi tío, el verdadero, hermano de mi padre y principal responsable de la destrucción de mi familia. Adolfo Donda Tigel, conocido como "Palito" o "Jerónimo" por aquellos a quienes torturaba. Tan solo saber que él fue el ídolo y protector de mi padre durante años, que fue padrino de su casamiento con mi mamá, y que tan solo unos pocos años después de aquello era capaz de instalarse en su improvisada oficina de la ESMA mientras su cuñada era torturada en la habitación de al lado, me resulta insoportable. Cuando nos enfrentamos ante alguien tan repleto de maldad, cuando ante nuestros ojos se presenta lo inconcebible, solemos defendernos alegando que la persona en cuestión no puede ser humana, que excede toda categoría concebible, que no tiene alma ni sentimientos. Sin embargo, me niego a tomar ese camino: Adolfo Donda, mi tío, es un ser humano, como yo, y por sus venas corre la misma sangre que la mía. Y es precisamente por eso que merece el más riguroso de los castigos, que ante sus actos resulta inconcebible cualquier forma de perdón. Por difícil que sea entender tal barbarie, lo cierto es que "Palito" actuaba con convicción, se jactaba de lo que hacía y utilizaba frente a otros detenidos la historia de su cuñada, de mi madre, para hacer entender que su "misión" no se detendría ante nada, ni siquiera ante su familia. Como jefe de Inteligencia, Adolfo Donda integraba el grupo que, cada miércoles en el llamado "salón Dorado" del Casino de Oficiales de la ESMA, decidía sobre los "traslados" de los detenidos, sobre el asesinato de las víctimas que se hacinaban en el tercer piso del mismo edificio, justo sobre sus cabezas. Después de arrebatarle a su hija, Adolfo Donda aprobó que a su propia cuñada le diesen una inyección de Pentotal, la subieran a un avión de la Fuerza Aérea y la arrojaran desde el aire, viva, al río de la Plata. Y durante años, mientras mi abuela Leontina le pedía entre lágrimas que hiciese algo por averiguar el paradero de su hija, él se limitaba a sonreír diciendo que no había nada que él pudiera hacer, y que Cori estaría seguramente muerta. Él fue también quien inició un juicio a mi familia materna por la adopción de mi hermana mayor, quien le cambió el nombre, quien la crió durante toda su vida diciéndole que sus padres la habían abandonado. Es él el principal responsable de la doble desaparición de mis padres: una primera desaparición, física, producto del secuestro por los grupos de tareas que él mismo comandaba. Y una segunda desaparición, simbólica, destruyendo aquello que mis padres habían dejado tras de sí: mi hermana, cambiando su nombre y mintiéndole hasta el cansancio, y yo, entregándome a unos desconocidos como quien ofrece un regalo, una mascota.

Quisiera algún día tenerlo frente a mí, poder mirarlo a los ojos y preguntarle qué hizo con mi padre, qué hizo con mi madre, dónde están sus cuerpos. Una vez lo intenté, mientras filmábamos con Adrián Jaime el documental que me acompañaba en el proceso de "conocer" a mi verdadera familia. Gracias a las ironías de la vida, y a la impunidad de la que siguen gozando los torturadores y asesinos de la dictadura militar, Adolfo Donda se encuentra prisionero a la espera de su juicio en un centro penitenciario de la Marina, en condiciones infinitamente más cómodas que un preso común. La ironía radica en que ese mismo centro penitenciario funcionó durante años como un Liceo Naval, el mismo en el que tanto él como el hermano al que dejó morir cursaron sus estudios secundarios. Aquel día yo había ido junto con dos ex compañeros de mi papá, recorriendo el predio y escuchando con avidez las anécdotas de sus tiempos de estudiante. Cuando por azar supe que mi tío se encontraba encerrado a pocos metros de allí, quise ir a verlo, a mostrarme ante él, como quien realiza un exorcismo enfrentando a sus más terribles demonios.

—Sólo los familiares están autorizados a visitar a los prisioneros —me respondió el soldado de guardia ante mi inquisitiva por ver a Adolfo Donda.

—Soy familiar suyo. Me llamo Victoria Donda, y soy su sobrina —dije, convencida de haber ganado la partida. El joven soldado se retiró al interior del edificio, probablemente en busca de algún superior que se hiciese cargo de decidir sobre aquella visita intempestiva.

Esperamos durante unos minutos que parecieron interminables, mientras en mi estómago revoloteaban todas las mariposas de la creación. ¿Qué le diría? ¿Cómo comenzar? Finalmente, apareció ante nosotros otro uniformado, de un rango claramente superior al soldado del principio.

—¿Es usted la que quiere ver al capitán Donda Tigel? —me preguntó, evidenciando un respeto hacia mi tío que me puso la piel de gallina.

—Sí, soy su sobrina —respondí.

—El capitán no quiere recibirla, y dice que usted no es su sobrina, porque su hermano nunca la reconoció como su hija.

Sin duda que me esperaba que no me recibiese, que no quisiera hablar conmigo, pero aquella referencia a mi padre era demasiado:

—Dígale de mi parte que si su hermano no pudo reconocerme fue porque nunca me conoció, porque mi mamá me tuvo en la ESMA, donde estuvo secuestrada por él, hasta que él decidió matarla, igual que a su propio hermano —dije, conteniendo las lágrimas y dándome media vuelta, antes de que aquel triste mensajero pudiese agregar algo.

Así, existe para mí una clara diferencia entre las responsabilidades judiciales y los sentimientos que me provocan los actos de cada uno de los implicados en la mentira que fue mi vida. No es mi intención justificarme sobre lo que siento por Graciela y por Raúl, ni eximirlos de su culpa en toda esta historia. Mis sentimientos son míos, y no hay nada que quiera o pueda hacer para cambiarlos. Pero ellos no son ni Febrés ni Donda, y la vara que mide esta diferencia no es difícil de concebir: se trata de la crueldad, de la intencionalidad, del cinismo. Porque si hay algo peor que la realización del acto en sí es disfrutarlo. Y estoy segura de que ellos lo disfrutaban. La diferencia, moleste a quien moleste, guste a quien guste, es que a Graciela y Raúl los amo. Un amor no exento de conflictos, pero indiscutiblemente amor.

Pero todo aquello sucedería después, y de momento yo me encontraba empezando la facultad, y con ella, adquiriendo un compromiso político que no solo no me abandonaría nunca, sino que sería mi principal sostén en los momentos más oscuros de mi vida que, por cierto, estaban por llegar.

Por aquella época todo sucedía a un ritmo vertiginoso, y casi sin darme cuenta el tiempo que dedicaba a mis actividades con la Venceremos era cada vez mayor, y por ende, más difícil de ocultar a Raúl. Era ya el último año del gobierno de Carlos Menem, y la vieja bonanza de las clases medias era apenas un recuerdo gris. Fue por aquel entonces que, todos los miércoles, las asociaciones de jubilados y pensionados marchaban frente al Congreso de la Nación reclamando un aumento en las jubilaciones mínimas, que habían quedado totalmente desfasadas con la realidad económica del país. Para que yo pudiera seguir a mis compañeros en esas marchas, a las que acudíamos en apoyo de los jubilados junto con otras agrupaciones de izquierda, ideamos un plan con mi responsable político, Roberto: primero vino un par de veces a mi casa, para que Raúl lo conociera y así poder ponerle un rostro al nombre que yo ya había comenzado a mencionar con cierta frecuencia. Presentado como mi novio, una vez que Raúl entró en confianza pudimos pasar a la etapa siguiente, argumentando que todos los miércoles, mientras protestábamos junto a los jubilados frente al Congreso, en realidad íbamos al cine, como cualquier pareja que se precie. Ahora bien, cuando se trata de mentir, sobre todo si es a Raúl, sospechoso por naturaleza, había que hacer las cosas bien y con profesionalismo. Así, todos los miércoles por la mañana yo hojeaba la sección "Espectáculos" del diario *Clarín*, para informarme mediante las reseñas sobre el argumento y los personajes de la película que habíamos elegido, en previsión del hipotético caso en que me preguntasen qué tal había estado, o peor aún, en el caso de que Raúl y Graciela hubiesen ido ellos también a ver la misma película y quisieran comentar conmigo qué les había parecido. Lo curioso del caso fue que, con el tiempo, Roberto se convirtió efectivamente en mi novio, y para cuando ya no fue necesario mentir más sobre mi militancia, nos encontramos yendo con frecuencia al cine, como todo el mundo.

En aquellos primeros tiempos en el Ciclo Básico Común y en la Facultad, donde milité por casi tres años, llegó para colaborar con nosotros una chica en cuyo nombre se reflejaba la importancia que tendría más adelante para mí su amistad y su apoyo incondicional, en momentos donde mi vida dio un vuelco completo y yo intentaba sostenerme agarrándome de lo que pudiera: Victoria. Y como en muchas de esas amistades sólidas como una roca, en las que la confianza es total y el cariño absoluto, cuando nos vimos por primera vez nos detestamos en el acto.

Yo en mi casa, frente a mi "familia" o frente a mis compañeras del Instituto, aquellas del grupo de las "dominantes", era una rebelde y, sobre todo, una zaparrastrosa, o como se suele decir, una "villera". Con mis pantalones cortados hasta convertirlos en jirones, mis calaveras y mis pañuelos desentonaba francamente del medio que me rodeaba. Y quizá también de esa necesidad de oponerme y hacerme notar en un ámbito tan rancio como el del Instituto de Señoritas Sagrada Familia me había quedado la costumbre de estar siempre maquillada, de llevar el pelo largo y suelto, preocupándome por el volumen de mis rulos negros, o de llevar sin excepción unos inmensos aros y zapatos de taco alto. Claro, todo aquello que simbolizaba una cosa en el mundo en el que vivía, en el ambiente de la Facultad y en la militancia de una agrupación como la Venceremos representaba exactamente lo contrario: para mis compañeros mis labios pintados, mis minifaldas, mis rulos o mis zapatos de tacón, que llevaba puestos incluso en las marchas, eran la más pura definición de una "cheta", de una chica de buena familia sin demasiado valor añadido. Y puesto que Vicky cambiaba prácticamente cada semana de color de pelo, y que se vestía de una forma que haría cruzar la calle a más de una señora mayor, nuestro rechazo fue, al principio, total. Para colmo, mientras yo cada día me tomaba más seriamente mi militancia y la vivía como "soldado", Vicky siempre parecía tener la cabeza en otra parte, con un desapego por los horarios y los sacrificios personales que la situaban en el lado opuesto al mío.

Aunque, por sobre todas las cosas, lo que más nos separaba en un principio era aquello que serviría finalmente para sellar nuestra amistad para siempre: mientras que yo era hija de un "milico", ya que Raúl había pertenecido a la Prefectura Nacional, el padre de Vicky era desaparecido. Ella siempre contaba a quien quisiera escucharla, en uno de esos tonos a los que era tan propensa, y que hacían imposible saber si hablaba en serio o en broma, que para ella su papá siempre había sido como un héroe: había sido militante montonero, y trabajaba de enfermero casualmente en el Hospital Durand, el lugar donde hoy se conserva el archivo genético sobre los desaparecidos. La historia "oficial" durante varios años contaba que una vez una "patota" vino a buscarlo, y antes de que lo atraparan se tomó la pastilla de cianuro para que no pudieran sacarle información con la tortura. En aquellos años, la Conducción Nacional de Montoneros había puesto a disposición de los militantes pastillas de cianuro para que se suicidasen en caso de ser atrapados, y muchas vidas se escurrieron por entre los dedos de los militares con el método del envenenamiento. Para Vicky, su papá había sacrificado su vida, y se había muerto sin "cantar". Pero cierta vez, gracias a los testimonios de algunos sobrevivientes, se supo que, como sucedió en tantos otros casos, los secuestradores consiguieron sacarle la pastilla de la boca, o le lavaron el estómago a tiempo, y terminó secuestrado en la ESMA, de donde nunca salió con vida. Tras contar esta última versión, y en su tono ambiguo característico, Vicky contaba que cuando conoció esta otra historia "se había desilusionado mucho". Ella prefería imaginar que su papá había conseguido morir antes de que lo atraparan. Hoy, un poco para consuelo de las dos, y un poco para reconstruir esas vidas, las de nuestros padres, que nos fueron arrebatadas, nos gusta pensar que mi mamá y su papá coincidieron durante su secuestro en la ESMA, y que incluso hasta quizá se hicieron amigos antes de que "trasladasen" al primero de ellos. Quizá su papá me conoció, y supo cuál era mi verdadero nombre, el que mi mamá eligió para mí, y recordó a su propia hija, deseando volver a verla. O quizá fue también en parte gracias a él que mi mamá eligió ese nombre para mí, y los dos esperaron que algún día las dos Victorias pudieran conocerse, hacerse amigas. Cuando pensamos así, Vicky y yo nos regodeamos jugando a que, en cierta forma y de manera involuntaria, cumplimos en algo sus deseos.

Hacia el final del Ciclo Básico Común, mi situación entre la militancia política y el falso discurso que construía en mi casa respecto de mis idas al cine y de mi participación en una iglesia del barrio de La Boca se hacía cada vez más insostenible. Ayudada por la creciente resignación de Raúl respecto de mis ideas, y por el hecho de que Roberto, mi responsable político que me cubría las espaldas, se había convertido finalmente en mi verdadero novio, yo intentaba seguir sosteniendo la mentira como podía, por miedo a una confrontación que tarde o temprano tendría que llegar. Para ese entonces, yo llegaba a la Facultad de Derecho sobre las siete y media de la mañana, y allí me quedaba a veces hasta las once de la noche, prácticamente todos los días. Incluso una vez, cuando se organizó un gigantesco encuentro de juventudes de izquierda en la provincia de Córdoba, a la que acudió la corriente Patria Libre donde yo militaba, me inventé un retiro espiritual con el grupo de la ficticia iglesia a la que supuestamente concurría. Todavía recuerdo mis nervios al llamar a Buenos Aires desde algún teléfono público de la capital cordobesa para informar que todo iba bien, y que el retiro era maravilloso. Detrás mío, a pocos metros de distancia, las columnas de diferentes movimientos y agrupaciones avanzaban por una avenida entre cánticos y ruidos ensordecedores de petardos.

—¿Qué son esos ruidos ahí atrás? —me preguntaba Raúl intrigado.

—No sé, nada, alguna manifestación, andá a saber —contestaba yo, con un sudor frío recorriéndome la columna mientras observaba a mis compañeros, deseando que sucediera algo que interrumpiese nuestra conversación. Alguna explosión en las centrales telefónicas, una urgencia de Raúl. Algo. Lo que fuera, antes de que tanta mentira terminase devorándome en ese instante.

Ya estábamos en 1999, y tanto la proximidad de las elecciones a presidente como una crisis económica que ya resultaba tan evidente como el descontento de los sectores más desfavorecidos de la población hacían del clima político argentino un auténtico hervidero. Las manifestaciones, huelgas y protestas en las calles se sucedían a un ritmo vertiginoso. Incluso en esa época se institucionalizó una forma de expresión que se convertiría poco a poco en un elemento común del paisaje cotidiano: los piquetes. Ya fuera en las rutas o en las principales arterias de las ciudades, los manifestantes anunciaban (o no) la interrupción de la circulación durante algunas horas. En el momento señalado, simplemente cortaban la ruta o la calle y allí se instalaban, durante el tiempo estipulado, hasta que volvían a liberar el flujo de los coches y camiones. Esta forma de manifestación poseía la doble ventaja de, por un lado, no necesitar demasiada gente para llevarla a cabo y, en consecuencia y por el otro lado, permitía multiplicar los piquetes en diferentes puntos a la vez, provocando verdaderos caos de circulación y la total y absoluta atención de los medios de comunicación.

Con los últimos y patéticos intentos de Menem por conseguir una nueva reforma constitucional que le permitiese volver a presentarse a la reelección y las cada vez más groseras concesiones a los organismos internacionales de crédito, la resistencia activa se radicalizaba, sobre todo entre los jóvenes y los desocupados, que ya alcanzaban al veinte por ciento de la población activa. Desde Patria Libre, se conformó junto con otras organizaciones de izquierda y el movimiento "piquetero" el Frente de la Resistencia, con el objetivo de canalizar el descontento popular y constituirse en una alternativa sólida al modelo neoliberal de los últimos diez años.

Y, finalmente, lo que tenía que suceder sucedió: recuerdo que por aquel entonces yo solamente comía pollo hervido con calabaza, también hervida. Esto no se debía a una cuestión de necesidad, sino de carácter, como casi siempre en mi caso. Simplemente, cuando algo me gustaba, solo quería eso. Tuve mi época de sándwiches de queso y tomate en pan de salvado, mi época de comer solo arroz, y ahora me encontraba en la del pollo y la calabaza hervidos. Como solía suceder durante la cena, estábamos todos en la mesa mientras en la televisión pasaba el noticiero. En el momento de la política nacional, las imágenes mostraban un nuevo corte de calles en la Capital Federal, que había derivado en un enfrentamiento con la policía y en las vitrinas de locales representativos del modelo, como McDonald's o los supermercados Wal-Mart, destrozadas por los manifestantes. Frente a mis ojos, uno de mis compañeros, con el rostro cubierto por un pañuelo que tantas veces le había visto, arrojaba una piedra contra una vitrina, ya no recuerdo si era un banco o un local de comidas rápidas. En ese instante sentí cómo el huesito fino y traicionero de la pata de pollo se clavaba en mi paladar, y como si esto activase un mecanismo dormido durante mucho tiempo, mi boca se abrió sin que yo se lo ordenase y las palabras contenidas salieron, por fin:

—Yo milito ahí, desde hace un tiempo. Es con ellos donde paso el día, no en una iglesia de La Boca —dije, sin respirar, y esperé a que el mundo se derrumbara sobre mí, y que todos los que estaban a mi alrededor se lanzasen sobre mi yugular como perros enfurecidos.

Como tantas otras veces, nada de aquello sucedió. Clara ni siquiera comprendió de qué estaba hablando, Graciela guardó uno de sus clásicos silencios, y Raúl se quedó mirándome fijamente, más preocupado que enojado.

—¿En Quebracho? —preguntó con un hilo de voz.

Quebracho era una agrupación de izquierda revolucionaria, que reivindicaba la figura del "Che" Guevara y se alineaba con las ideas de la guerrilla de los años setenta, sobre todo el Ejército Revolucionario del Pueblo, el ERP. En síntesis, a los ojos de un no iniciado no se diferenciaba demasiado del movimiento donde yo militaba, pero Quebracho había conseguido, con la anuencia de los medios de comunicación, algo que parecía imposible: ser el demonio de todo el espectro político. Desde las clases medias, el Gobierno o los sectores más reaccionarios, se veía a Quebracho como el símbolo de los desbandes, de los cortes de rutas y de los enfrentamientos con las fuerzas de seguridad. Desde los movimientos de izquierda, Quebracho era el paradigma de una organización infiltrada hasta el tuétano por los Servicios de Inteligencia del Estado, utilizándolos como un perverso mecanismo de contención social basado en el miedo de una "vuelta al pasado".

—No, en Patria Libre, esos de la bandera celeste y blanca —aclaré, señalando el televisor y completamente sorprendida. Luego me dediqué a explicarle las diferencias entre los diversos frentes de izquierda, que finalmente no eran tantas.

Y a pesar de notar en Raúl ya no la sombra de la desilusión, sino la de una confirmación de las sospechas que incubaba desde hacía tiempo, el maniqueísmo de la política argentina me había salvado de una reacción mucho peor de su parte. Desde luego, a partir de ese momento el foso ideológico que nos separaba se convirtió en insalvable, y fue allí donde comenzó a crecer en mí la idea de que en parte mis convicciones políticas y mi actividad militante estaban en directa oposición a mi familia, y principalmente, a Raúl. Y algo de cierto hay en ello: no puedo desconocer que, en alguna medida, mi forma de actuar no se diferenciaba mucho de la de miles de adolescentes y post adolescentes que construyen su identidad o sus ideas por oposición a las de su familia. Así, mientras Raúl sostenía frente a quien quisiera escucharlo que las agrupaciones de izquierda eran el cáncer de la sociedad, o que las Fuerzas Armadas siempre habían sido el mejor garante de los valores cristianos de la Patria, yo adhería a quienes pensaban que era posible construir un país igualitario, y que para conseguirlo era necesario enfrentar a los sectores más reaccionarios de la Argentina, precisamente aquellos que Raúl consideraba "garantes" de la existencia del país.

141

Sin embargo, mi visión es muy distinta hoy en día, con el prisma de la verdad que siempre me fue negada. No es que considere que la revolución se lleva en la sangre, o que es posible heredar las convicciones políticas. Pero sí creo que mis padres me legaron una forma de ser, un carácter, y que fue este carácter el que forjó su visión de la realidad, y su necesidad de hacer algo por cambiarla. Es ahí donde el peso de la herencia aparece con toda su fuerza. El carácter de mis padres, de mis verdaderos padres, está en mi sangre desde siempre, y aunque yo forjé y transité sola el mismo camino que llevó a Cori y al Cabo a la militancia revolucionaria, los tres tenemos el mismo punto de partida, la incapacidad de aceptar como "dada" una realidad que sentimos como profundamente injusta. La forma de ser de mis padres los llevó a la militancia en un momento de la historia en que la idea del colectivo, del trabajo conjunto, no había sido mancillada por años de dictaduras y crisis económicas. Hoy, cuando el individualismo prima por sobre la solidaridad, considero más que nunca que mi misión es continuar allí donde la muerte los interrumpió: en la construcción de una sociedad colectiva y solidaria, donde el bien de todos prime siempre por sobre el beneficio individual. Ellos, junto con muchos otros, se sacrificaron por ese sueño, y estoy convencida de que mi deber es seguir luchando para que se haga, alguna vez, realidad.

Si bien mis relaciones, y sobre todo la posibilidad de cualquier forma de discusión política, se vieron fuertemente deterioradas con Raúl a partir del momento en el que dejé de mentir respecto de mi ideología y mi militancia, sería injusto de mi parte afirmar que aquello nos enfrentó realmente, o que él se opuso de alguna manera a mis decisiones. De hecho, no sólo no se opuso, sino que incluso más de una vez su apoyo me permitió superar momentos complicados. Ya fuera ayudándome con un poco de dinero para comprar materiales básicos que nos faltaban en los talleres de apoyo escolar, colaborando para conseguir mesas y sillas para que todo el mundo pudiese acudir, o acompañándome en más de una ocasión a lugares improbables donde se requería mi presencia, Raúl siempre me demostró que, independientemente de las antípodas ideológicas en las que nos encontrábamos, lo que primaba y primaría siempre en nuestra relación era el amor que sentía por mí. Eso lo valoro y lo valoraré siempre, aunque quizá la concepción que tengo hoy de la forma de su amor no es la misma que tenía en aquel entonces.

La única situación que recuerdo en la que Raúl y yo nos enfrentamos abiertamente por cuestiones políticas (aunque queda por ver cuánto de realmente político hubo en aquel enfrentamiento) fue a mediados de marzo de 1999 a raíz de la visita del príncipe Carlos de Inglaterra. En el marco de una política exterior del Gobierno que había instalado las llamadas "relaciones carnales" con los Estados Unidos, y que había elegido como fórmula de solución al conflicto de las Islas Malvinas, que enfrentaba a nuestro país y a Inglaterra desde la guerra de 1982, la de una "seducción" entre grotesca y patética, el príncipe llegaba por primera vez a la Argentina desde la guerra, y se lo recibía con toda la pompa que merecería el más importante de nuestros aliados, y no el representante de un país con el que aún se mantiene el litigio causado por la apropiación de una parte del territorio nacional. El fasto que organizó el Gobierno ante aquella visita protocolar provocó las reacciones más variopintas, desde agrupaciones de izquierda y de ex combatientes que rechazaban de plano la representación de una potencia usurpadora, hasta manifestaciones de travestis, que habían visto sus actividades amenazadas por la instauración de un nuevo "código de convivencia" en la ciudad de Buenos Aires. Así, entre militantes molestos, taxistas ofuscados y travestis intentando llamar la atención de los medios de comunicación, se preparó la cena protocolar entre el príncipe de Gales y el presidente Carlos Menem en el hotel Alvear, en el corazón del selecto barrio de la Recoleta.

En protesta por aquella visita, varias organizaciones de izquierda y de ex combatientes de la guerra de Malvinas organizamos una marcha que nos llevaría desde el Congreso de la Nación hasta el hotel Alvear, donde desde muy temprano se había montado un operativo policial sin precedentes. Fernanda, que también había comenzado a militar en Venceremos, aunque en la Facultad de Psicología, estaba con nosotros. Aquel día yo había tenido un examen en la Facultad, por lo que iba vestida bastante formal, con una pollera lisa oscura, una camisa y, cosa excesivamente rara en mí, el pelo recogido. Frente a la columna de la Venceremos y Patria Libre estaban los militantes de Quebracho, suerte de "vanguardia de choque" en todo cruce con las fuerzas del orden. A medida que nos acercábamos a nuestro destino, comenzamos a notar que la policía ocupaba las calles laterales, y a sospechar fuertemente que pronto todos aquellos movimientos se convertirían en una encerrona. Y efectivamente, así fue.

Como ya era costumbre en aquellos momentos de gran tensión política entre el Gobierno y las fuerzas de izquierda, las manifestaciones de este tipo terminaban con enfrentamientos con la policía, algunos heridos y varios detenidos.

Pero aquel día se notaba que la intención de bloquear la manifestación y detener a los participantes estaba decidida de antemano, y mientras la policía asumía sus posiciones, estacionaba sus camiones hidrantes y organizaba una fuerza de vanguardia de cuarenta efectivos de civil armados con palos y listos a mezclarse entre los manifestantes, se palpaba en el ambiente que haría falta tan solo un pequeño gesto para que todo comenzase. Por supuesto, el gesto llegó: como suele suceder en estos casos, las versiones sobre cómo comenzó todo son tan fáciles de discernir unas de otras como el dilema del huevo y la gallina, pero la cuestión fue que de repente comenzaron a llover piedras, gases lacrimógenos y balas de goma, y como habíamos sospechado antes de que todo estallase, las rutas de escape habían sido cortadas previamente. Nuestra columna se había detenido antes de llegar al vallado instalado frente al hotel Alvear, intentando evitar el enfrentamiento directo, pero ya era demasiado tarde. En un santiamén todo el mundo se encontró corriendo como ratas en un laberinto, en una suerte de "sálvese quien pueda" en el que la única seguridad era que nadie se salvaría.

Aquella vez yo tuve suerte, ya que, aprovechando que la forma en la que estaba vestida no me delataba precisamente como una participante de la manifestación, entré en el primer bar que encontré y me refugié allí esperando que pasara lo peor. Incluso algunos uniformados entraron en el local, buscando en caso de que se les hubiese escapado uno de sus objetivos, pero yo no levanté sospechas, a pesar de mis ojos algo rojos por los gases y mis manos ensangrentadas. Efectivamente, eran tantos los nervios que tenía aquella tarde, era tanta la tensión que se respiraba en el ambiente, que me había cortado las palmas de las manos a fuerza de apretar las piedras que nunca llegué a arrojar. Fui una de las pocas personas que no terminó en alguna comisaría. Fernanda no pudo decir lo mismo, y junto con decenas de otros militantes terminó pasando la noche en alguna de las seccionales de la zona.

Cuando aquella noche, tarde y agotada, regresé a casa, Raúl me estaba esperando, y las profundas sombras debajo de sus ojos denotaban una inmensa preocupación que no había hecho sino alimentarse a lo largo de las horas con las imágenes de marcado tono sensacionalista con las que los medios de comunicación cubrieron el evento. Cuando me vio cruzar la puerta de entrada, desaliñada, cansada y con restos de sangre en las manos y en mi ropa, simplemente no pudo soportarlo. Ni siquiera medió una palabra entre nosotros. No vi llegar el golpe, ni siquiera sentí algún tipo de dolor. Estaba demasiado cansada, completamente vencida, como para sentir algo. Pero sí recuerdo con total claridad el "¡Plas!" de la palma de su mano contra mi mejilla, y sus ojos enrojecidos en una mezcla de preocupación, furia y el incontenible alivio de ver que no me había pasado nada. Aquella fue la primera y la última vez que Raúl, completamente superado por las circunstancias, me pegó. Supongo que lo comprendo: por aquel entonces todavía se decía mi padre, y actuó como tal. Y también por aquel entonces, yo lo creía mi padre, por lo que acepté en silencio su descarga.

Tras aquella traumática noche de desbande social y excesiva violencia policíaca, Fernanda marcó el comienzo del fin de su militancia política. Y poco a poco, un distanciamiento que ya había comenzado siguió acentuándose hasta que simplemente dejamos de vernos. Fernanda, Mariano, el grupo de los chicos de Quilmes... aquella gente junto a la cual había despertado mi conciencia política, aquellos con quienes había concurrido a nuestras primeras manifestaciones, se alejaban junto con una etapa de mi vida que, sin que yo lo supiese aún, me costaría mucho aceptarla como propia tras la revelación de mi verdadera historia. Una etapa que, sin ser carente de conflictos, estuvo repleta de alegrías, que fue conformando la persona en la que me convertiría y que tendría que rehacerse cuando, en el año 2003, el mundo se me vino literalmente abajo. A todos aquellos con los que compartí mi adolescencia y que siempre me conocieron como Analía, nunca más los volví a ver. Cuando mi caso se mediatizó y mi pasado salió a la luz, Fernanda intentó contactarme por intermedio de las Abuelas de Plaza de Mayo, pero yo no me sentía todavía preparada para enfrentar una parte de mi vida que me costaba asumir como propia. Quizás algún día le devuelva aquel llamado, y pueda relacionarme nuevamente con ella, esta vez llamándome Victoria. De lo que no tengo dudas es que la importancia que Fernanda y los demás tuvieron en mi vida es tan grande como el cariño que sentí y sigo sintiendo por ellos, y que espero, en un futuro no muy lejano, poder decírselo frente a frente.

Y aquel último episodio con Raúl marcó también el inicio de una nueva etapa en mi militancia política, aun más comprometida, y ya fuera del hogar en el que había vivido desde niña. Y en paralelo, sin que yo pudiese siquiera sospecharlo, comenzaba también una nueva investigación de las Abuelas de Plaza de Mayo: la del paradero de la posible hija de María Hilda Pérez de Donda y José María Donda, Victoria.

El "tic-tac" de la bomba de tiempo que estallaría dos años después se ponía en marcha. Analía tenía los días contados.

VI. El PRINCIPIO DEL FIN

Luego de incontables y cada vez más patéticos intentos de asegurarse una permanencia indefinida en el poder mediante una segunda reelección, para la cual era necesario volver a modificar la Constitución Nacional, la etapa de diez años de la presidencia de Carlos Saúl Menem tocaba a su fin en octubre de 1999, dejando tras de sí unos índices de desocupación que alcanzaban el 15% de la población, una deuda externa de 150 mil millones de dólares, vencimientos a corto plazo por unos 25 mil millones y un déficit público de 10 mil millones de dólares. La victoria del binomio Fernando de la Rúa - Carlos "Chacho" Álvarez estuvo sustentada mucho más en el rechazo de la población a una década de corrupción, frivolidad y "fiesta menemista" que en la esperanza de que estos candidatos, surgidos de los sectores más conservadores, pudieran llevar adelante un gobierno que se definía como de centroizquierda.

Sin embargo, acompañados por la seguidilla de crisis financieras internacionales y por la escasa voluntad política del Gobierno por liberarse de las ataduras impuestas por los planes de ajuste de los organismos internacionales de crédito, la esperanza de un viraje a la izquierda en la política argentina quedaba trunca antes siquiera de cumplir el primer año de gestión. Como incapacitados de desprenderse de los usos y costumbres de la clase política del país en los anteriores diez años, pronto volvieron a aparecer casos de corrupción de funcionarios, compra de votos para aprobar leyes consideradas "fundamentales" y una política económica cuya única motivación parecía ser el garantizar que nada cambiaría. Para finales del 2000, se alejaba definitivamente del Gobierno el ala más progresista encabezada por Carlos "Chacho" Álvarez, y pocos meses después entraba en escena como nuevo ministro de Economía quien había sido el ideólogo de las políticas monetarias del menemismo: Domingo Cavallo. El inventor de la convertibilidad, de la paridad artificial entre el peso argentino y el dólar estadounidense, volvía con toda la pompa para tranquilizar a la temerosa clase media y al todopoderoso Fondo Monetario Internacional. Pero segundas partes nunca fueron buenas, y lo que alguna vez funcionó al menos para tranquilizar por unos años el eterno miedo de los argentinos a la devaluación de su moneda, en esta ocasión parecía un último acto estéril en medio de una anunciada derrota.

Entretanto, para esas mismas elecciones presidenciales de 1999, la Corriente Patria Libre en la que yo militaba decidió conformar lo que se dio en llamar Frente de la Resistencia. Junto con nosotros integraban aquel partido el "Peronismo de la Resistencia", ex montoneros o simpatizantes que no adherían a las premisas de Quebracho, y una escisión del Partido Comunista. En las elecciones obtuvimos algo más de

66.000 votos, el 0,36%. Pero a pesar de ello, poco a poco íbamos desarrollando nuestras bases territoriales, con presencia en casi todo el país y principalmente en la provincia de Buenos Aires, donde me encontraba yo. Durante la campaña, nuestra tarea era la de cubrir la zona del ferrocarril General Sarmiento, que circula en el conurbano bonaerense desde la estación de Once, en la ciudad de Buenos Aires, hasta la localidad de Moreno.

Coincidencia o no, aquella era la zona donde, algo más de veinte años atrás, mi mamá recorría las calles realizando también trabajo territorial en las villas miseria y los barrios carenciados del Oeste. Fue en las inmediaciones de la estación de Morón donde un grupo de tareas la secuestró con otro compañero del Movimiento, en aquella plaza junto a la estación donde mi papá encontró su zapato y, en un acto de desesperación, se puso a gritar su nombre disparando al cielo, como si allí fuese a encontrar al culpable de su destino. Y fue en la estación de Ramos Mejía, la que le sigue en la misma línea del ferrocarril, donde mi abuela Leontina cumplió el último deseo de su hija, dándole unas monedas a un músico ambulante para que le cantase el vals peruano *Hilda*. Una vez más, sin que yo pudiese tener conciencia de aquel hecho, me encontraba recorriendo el mismo camino que mi madre, caminando por las mismas calles y realizando las mismas tareas de propaganda política. Su carácter, su mandato y sus ideales vivían más que nunca en mí, mientras se acercaba el momento en que, al fin, la verdad me sería revelada.

Tras nuestro más que discreto papel en las elecciones y las primeras acciones políticas del gobierno de la Alianza, que evidenciaban que "todo había cambiado para no cambiar", desde Patria Libre y la Venceremos seguimos radicalizando la lucha política, ya plenamente identificados por los sempiternos medios de comunicación por el término de "izquierda dura", en contraposición a una "izquierda blanda" que nunca quedó muy claro dónde se encontraba. Así, se tomó la decisión de profundizar el trabajo territorial, de "bajar a los barrios" intentando captar una parte de las bases populares tradicionalmente peronistas, desencantadas tras la década menemista y el nuevo inmovilismo de la Alianza. Todavía recuerdo cómo desembarcábamos los fines de semana en aquellos barrios, como si fuésemos marcianos, yendo de puerta en puerta a tocar los timbres de las casas vendiendo la revista de divulgación del movimiento, *En Marcha*. Imagino el desconcierto de aquellos vecinos que se encontraban un sábado por la mañana con post adolescentes vestidos con remeras del "Che", intentando venderles prensa política mientras les hablaban de lucha de clases, latinoamericanismo y emancipación, y no puedo evitar sonreír ante nuestras altas dosis de inocencia.

Y sin embargo, era indiscutible que, en tanto movimiento político, Patria Libre crecía a nivel nacional, apuntalada por una crisis que no solo no parecía estar cerca de resolverse, sino que era casi alimentada por los errores de apreciación y la falta de determinación al cambio del nuevo gobierno. Poco a poco fuimos tomando conciencia de la necesidad de acercarnos a la gente desde un lugar distinto al de la simple propaganda política, y fue en ese entonces que formamos el Grupo de Estudiantes Solidarios (GES). Desde el GES se llevaban a cabo tareas de trabajo social, apoyo escolar y trabajo vecinal, buscando implicar a los vecinos en las tareas solidarias. El primer lugar donde fuimos realmente activos fue en Dock Sud, una vez más en el límite sur entre la Capital Federal y la provincia de Buenos Aires. Gracias a la ayuda de una mutual de jubilados tuvimos acceso a un local en el que realizar el apoyo escolar para los chicos de la villa miseria que quedaba tan solo a cuatro cuadras, y a donde íbamos a buscarlos para proponerles las distintas actividades, siempre acompañadas por una merienda que preparábamos gracias a la ayuda de vecinos y panaderías de la zona. También conocimos pronto a la comunidad de indios tobas que allí vivían. Era una comunidad altamente organizada, e incluso contaban con un cacique. Fue él quien nos propuso realizar una colecta semanal entre los vecinos para ir a comprar frutas y verduras al por mayor al Mercado Central, para luego distribuirlas equitativamente entre todos. De esta manera, poniendo dos pesos con treinta centavos, una familia conseguía verduras y frutas suficientes para toda la semana.

A diferencia de nuestra primera injerencia altamente politizada en la zona, estos talleres de apoyo escolar y compras comunitarias consiguieron despertar la solidaridad de los vecinos y pronto tuvimos organizado un grupo de mujeres del barrio que se ocupaban de realizar las compras en el Mercado Central, y que colaboraban también preparando tortas fritas para las meriendas de los chicos. Al día de hoy, varios años después de aquella experiencia, todavía se me hace agua la boca recordando las tortas fritas que preparaba Pascuala, un ama de casa de corazón tan grande como el resto de su cuerpo, que les espolvoreaba por encima un azúcar quemada que sabía a dioses y que dejaba una sensación de miel en el paladar.

A medida que se acercaba el mes de octubre del 2001, y con él las elecciones legislativas en las que se esperaba un juicio sumario al gobierno de la Alianza, en el movimiento comenzaron a discutirse las diferentes opciones que se nos presentaban. Fue en este momento en el que se dio el primer paso hacia un acercamiento a las bases sociales del peronismo: descontentos con el continuismo en las políticas económicas del Gobierno, muchos sectores progresistas y peronistas comenzaron a oponerse abiertamente a la Alianza, conformando nuevos partidos políticos y reagrupándose en diferentes iniciativas políticas. Una de ellas era el Polo Social del cura Farinello: sus bases se arraigaban en los sectores populares del conurbano bonaerense, principalmente en las viejas estructuras de prebendas que el peronismo tenía organizadas en toda la provincia de la mano de los viejos "punteros" de los barrios, suerte de caciques modernos con el poder absoluto de repartir planes sociales y diversas "ayudas" del gobierno nacional y provincial.

No dejan de resultarme curiosas, y a la vez representativas de un cierto sentir general de la Argentina, mis diferentes posturas en relación con el peronismo a lo largo de mi vida: de las elecciones de 1989 tengo un recuerdo muy vago, pero sí puedo afirmar que desde mis escasos años apoyé la campaña del radical Eduardo Angeloz, el candidato derrotado por Carlos Menem. Después, en sus primeros años de gobierno, me dejé convencer por el carisma incuestionable del Presidente, para que a partir de su segundo mandato, ya con una conciencia política más formada y unas ideas propias que se instalaban poco a poco, identificar como tantos otros al peronismo con Carlos Menem. Y como desde chica fui testigo de imágenes como la de María Julia Alsogaray, entonces secretaria de Medio Ambiente, envuelta en tapado de zorro, las represiones a los jubilados, la desocupación, asocié eso con el peronismo, quizás a causa de mi escasa formación política. Por lo tanto, en aquellos momentos de discusión interna respecto de si integrar el Polo Social para las elecciones legislativas, yo me declaré opuesta a la alianza. El peronismo representaba entonces para mí lo más oscuro del neoliberalismo que había arrasado la Argentina y América Latina, y lo último que yo deseaba era identificarme con aquellas opciones políticas. Por supuesto, este no era el caso del cura Farinello ni del Polo Social, pero yo aún era incapaz de notar la diferencia. Por otro lado, mi militancia política se había producido hasta entonces en una estructura pequeña, y el salto a una alianza con el peronismo implicaba integrar una estructura que, a pesar de poder compartir nuestras ideas, se encontraba poblada por personas que estaban en las antípodas de mi concepción de la política. Recuerdo incluso como paradigma de lo que aquel rejunte representaba para mí al responsable de uno de los barrios del Sur del conurbano, un *pai umbanda* que apenas podía mantenerse en pie a causa del peso de los cientos de cadenas, pulseras y colgantes de oro que adornaban su cuerpo. Aquella vez faltó poco para que abandonase Patria Libre, pero Seba, un compañero de militancia al que todos llamábamos "el bostero" por su fanatismo marcado hacia Boca Juniors, consiguió convencerme de la necesidad de un proyecto que ha demostrado al día de hoy haber dado sus frutos, al menos en lo que concierne a la construcción de una base política propia. En aquellas elecciones de octubre del 2001 el Polo Social obtendría poco más de 500.000 votos en todo el país, colocando a cuatro diputados en el Congreso.

Sin lugar a dudas, el año 2001 fue un año cargado para la Argentina: crisis económicas, aparición de viejos fantasmas del pasado, movimientos sociales cada vez más influyentes y un inmenso descontento popular poblaban las primeras páginas de los periódicos. Por otra parte, frente a una justicia corrompida y lenta, maniatada por las nefastas "leyes de impunidad" y por los indultos de Menem, comenzaron a proliferar las emisiones televisivas de investigación periodística, ocupando los lugares de denuncia que jueces y fiscales no podían o no deseaban ocupar. No faltaban oscuros personajes del gobierno anterior a quienes les levantaron las alfombras, y algunas de las investigaciones asustaban mostrando los contactos entre mafias, poder político e, incluso, los militares. Uno de los personajes más relevantes de aquellos tiempos era Alfredo Yabrán, que se había enriquecido de la noche a la mañana mediante la privatización del Correo durante el menemismo para luego ser acusado del asesinato de un periodista y terminar suicidándose en 1998, en circunstancias más que sospechosas. ¿Pero qué podía tener que ver Alfredo Yabrán, producto arquetípico de la "fiesta menemista", conmigo, con mi historia y con mi futuro?

La respuesta la daría Miriam Lewin, periodista, ex detenida-desaparecida en la ESMA y conductora del programa de investigación "Telenoche Investiga", en Canal 13. La noche del 21 de noviembre del 2001 se emitió un programa que había surgido tangencialmente de las investigaciones que el periodista Miguel Bonasso realizaba para la escritura de una biografía de Yabrán. El título de la emisión de esa noche era

El silencio de dos hombres (una historia argentina). Aquellos dos hombres eran Adolfo Donda Tigel y su hermano, José María Laureano Donda. Mi tío y mi padre. Sin que yo pudiese saberlo, y quizá colaborando sin quererlo en retrasar aun más el momento de la verdad, el programa hablaba de la relación entre ellos, de la hija del segundo adoptada por el primero, y de una segunda hija desaparecida, llamada Victoria. El programa hablaba de mí.

Durante aquella emisión se entrevistó a ex compañeros del Liceo Naval de los dos hermanos, a familiares de Entre Ríos, donde ambos habían nacido, y se presentaba el destino de estos dos hombres enfrentados por sus ideas y unidos por una relación familiar ambigua en la que Adolfo fue padrino de la boda de mis padres. Mi papá había sido el idealista, el peronista, el que desde sus diez años menos de edad plantaba cara a su hermano mayor y que había entregado todo, incluso su vida, por sus convicciones. Mi tío era el militar de carrera, el que obedecía órdenes con convicción y que había participado del núcleo duro de la ESMA, en puestos de alta responsabilidad, acusado entre otros del secuestro de la diplomática Elena Holmberg y de la muerte y el robo de su hija y de mi mamá, su cuñada.

Tras la vuelta de la democracia, tras su cargo de agregado militar en Brasil y tras ser liberado de pagar sus crímenes gracias a las leyes de Punto Final y Obediencia Debida, mi tío, aquel a quien considero responsable de la muerte de mis padres, se había reciclado como jefe de la "guardia pretoriana" de Alfredo Yabrán junto a otros conocidos represores de la ESMA, como Víctor Hugo "El Pollo" Dinamarca. Durante años se desempeñó como parte de la inteligencia del círculo más íntimo del empresario, tras fachadas como las empresas Zapram, que controlaban la seguridad del aeropuerto internacional de Ezeiza o, una vez más en el registro irónico del omnipresente humor castrense, en la empresa de seguridad Bridees, S.A., cuyas siglas significan "Brigadas de la ESMA". Las imágenes de mi tío, tomadas por una cámara oculta, lo mostraban satisfecho de sí mismo detrás de su escritorio, mientras se jactaba de controlar la seguridad de todas las compañías aéreas que pasaban por Ezeiza, "incluso Cubana de Aviación".

En aquella investigación también se contaba el pasado de represor de Adolfo Donda, de aquella sonrisa a medias que siempre se dibujaba en su rostro cuando torturaba y de lo implacable que podía llegar a ser en las sesiones en los "camarotes" de la ESMA. No me cabe ninguna duda de que aquel hombre parco, cínico y convencido de su "cruzada evangelizadora" odiaba a su cuñada y su carácter contestatario incluso en los peores momentos. Tampoco me caben dudas del odio y la desconfianza que Cori debía sentir por él, que hicieron que no le creyese ni una palabra cuando le prometió que a su bebé, a mí, la llevarían con la abuela Leontina hasta que ella saliera de la ESMA. Y tenía razón en no creerle.

Juntando mucho material de archivo y realizando incontables entrevistas, en *El silencio de dos hombres* se mencionaba la adopción de mi hermana Eva, las amenazas a la familia de mi mamá, y el definitivo exilio que tuvieron que emprender a Canadá. Y también aparecía un personaje fundamental para la investigación que llevó a que yo recuperase mi identidad: Lidia Vieyra, la muchacha de apenas diecinueve años que había ayudado a mi mamá durante el parto, que estuvo presente cuando Cori decidió que me llamaría Victoria, y que ideó junto con ella el inocente plan de atravesarme los lóbulos de las orejas con el hilo azul preparado para el caso de un desgarro durante el parto, con la esperanza de que gracias a él pudiesen reconocerme. Desde el día en que fue liberada de la ESMA, Lidia había luchado incansablemente por encontrarme, aportando información a las Abuelas de Plaza de Mayo y sin perder nunca las esperanzas. Pero sin quererlo, el programa periodístico de Canal 13 quizá colaboró en guiar la investigación a un callejón sin salida, cuando afirmó que Victoria, la hija de María Hilda Pérez y José María Donda, vivía en Entre Ríos, adoptada ilegalmente por un primo de Adolfo Donda bajo el nombre de Mariel Donda. Aquella pista falsa puso en macha una causa judicial por la recuperación de la identidad de Mariel, basada en la falsedad de su partida de nacimiento, en la coincidencia de su año de nacimiento con el mío, 1977, y en el sospechoso detalle de que la madre de la chica decía haberla tenido a los treinta y ocho años, cuando todo el mundo en el pueblo daba por sentado que ella no podía tener hijos.

En los juicios de recuperación de identidad se lleva a cabo un análisis de ADN, que se compara no solo con el de los supuestos padres de la víctima, sino con el de todos los que se encuentran en la base de datos genéticos del Hospital Durand, donde están almacenados los ADN de miles de desaparecidos durante la dictadura. Por desgracia, la base de datos no cuenta con los ADN de todos los desaparecidos, ni siquiera de la mayoría, y a pesar de la evidencia que al menos pone en duda el carácter legítimo de la identidad de Mariel Donda, el hecho fue que su ADN no coincidió con el de mis padres, y el caso fue cerrado. Imagino hasta qué punto debe de haber sido traumático para Mariel primero descubrir que no era hija de quienes creía, para luego ni siquiera poder saber quiénes eran sus verdaderos padres, o cuál era su historia. La política de las Abuelas de Plaza de Mayo o de otras asociaciones como la comisión Hermanos, los que me encontraron a mí, siempre es la misma: no revelar a quien se supone que es hijo de desaparecidos la identidad que se le atribuye hasta que los análisis genéticos no puedan probarlo con un 99.99% de certeza. Su intención es la de encontrar a sus nietos, la de poner en evidencia la verdad sobre su identidad, no la de provocar un nuevo hecho traumático en personas que ya tienen suficiente con lo que les ha tocado vivir por culpa de la dictadura.

Así, mucho antes de que yo pudiese identificarme en ella, Victoria Donda había sido presentada en sociedad. Y a pesar del fiasco, las Abuelas de Plaza de Mayo y la comisión Hermanos de H.I.J.O.S. seguían adelante con su investigación, con otras pistas, siempre acompañados por Lidia Vieyra.

Pero la investigación de Miriam Lewin y "Telenoche Investiga" no era la investigación de las Abuelas de Plaza de Mayo, y las pistas que ambos habían seguido tampoco eran las mismas. Sin embargo, un nuevo actor se sumó a la búsqueda de las Abuelas a causa de una denuncia anónima recibida en sus oficinas. Se trataba de la comisión Hermanos, un grupo formado en el seno de la asociación H.I.J.O.S. integrada por hijos de desaparecidos que tenían también hermanos desaparecidos o nacidos durante el cautiverio de sus padres.

José María Donda —padre de Victoria—, de saco y corbata, en un acto escolar.

María Hilda Pérez, *Cori*, madre de Victoria. Aquí, en sus años de estudiante (tercera desde la izquierda en la fila de abajo).

Cori en su fiesta de quince años.

Cori a los dieciséis años, en el cumpleaños de quince de su hermana Mary.

Cori Pérez y José María Donda, los padres de Victoria.

Cori y José María el día de su casamiento.

José María Donda.

José María (en el centro) junto a sus compañeros del Liceo Naval, año 1972.

La familia Pérez: Mary,
el abuelo Armando, Tito,
la abuela Leontina, Inés
y Cori, a los trece años.

Los abuelos maternos,
Armando y Leontina,
durante un brindis familiar.

Los abuelos paternos de Victoria, Telmo
y Cuqui, padres de José María Donda
(a la derecha de la foto).

Victoria a los dos años.

Victoria en su ceremonia como egresada de quinto año.

Durante su época escolar, en el Instituto Sagrada Familia.

Último acto de la Corriente Nacional Patria Libre, en el estadio de Ferrocarril Oeste, año 2004.

Junto a Humberto Tumini, secretario general
de Libres del Sur, durante el mismo acto.

Victoria recibe los resultados de los análisis de ADN. Detrás, Verónica Castelli (de la agrupación H.I.J.O.S. e integrante de la comisión Hermanos), Estela Barnes de Carloto y Tatiana Sfiligoy, la primera nieta recuperada por Abuelas.

19 de diciembre de 2007: Victoria jura como diputada nacional por la provincia de Buenos Aires. La acompañan Adela Segarra y Adriana Puiggrós.

Victoria en el Campamento Latinoamericano de Jóvenes por el Cambio en Solidaridad con Bolivia, noviembre de 2008, en la localidad boliviana de El Chapare.

Las Abuelas de Plaza de Mayo, gracias a los invaluables testimonios de Lidia Vieyra, sabían fehacientemente que Victoria se encontraba viva en algún lado y en una familia que le ocultaba la verdad. Sabían que había nacido entre julio y octubre de 1977, que quince días después el prefecto Héctor Febrés, "Selva", se había ocupado personalmente de comprarle un ajuar y de arrancarla de los brazos de su madre rumbo a un destino desconocido. Pero a los testimonios de Lidia pudieron pronto agregar una denuncia anónima que confirmaba sus dichos: una mujer, esposa de un suboficial de la Prefectura y que no había querido identificarse, contó cómo en 1977, cuando ella acababa de dar a luz a su hijo, Febrés llegó a su casa una noche con una beba en brazos que no paraba de llorar porque no aceptaba la mamadera. La nena era una recién nacida, no tendría siquiera un mes de vida, y estaba vestida con un pequeño ajuar nuevo y particularmente bello, como envuelta para regalo. Febrés le había pedido que la amamantase, y al obedecer ella había notado una particularidad en la anónima bebita. Los lóbulos de sus orejas estaban atravesados por un hilo de coser color azul. Se trataba de mí, en una escala antes de llegar a mi destino final.

El círculo empezó a cerrarse cuando la comisión Hermanos recibió una denuncia anónima en la que se ponía en tela de juicio el carácter legítimo de la paternidad de Raúl y Graciela. El fondo de aquella denuncia, por cuestiones organizativas, nunca me fue aclarado específicamente, pero algún vecino había encontrado sospechosa la "aparición" de una hija en un matrimonio que no podía concebir, y en una época especial teniendo en cuenta el rango militar que ostentaba Raúl por entonces. Lo primero que hicieron fue contactarse con la sede de las Abuelas de Plaza de Mayo, para compartir y coordinar la investigación. La cantidad de denuncias que recibe Hermanos es irrisoria en comparación con las de Abuelas, y frente a la situación de tener dos investigaciones respecto de lo mismo corriendo en paralelo, se acordó que ésta se llevaría a cabo en Hermanos, coordinando todas las acciones con las Abuelas. Se trataba de verificar la identidad de Raúl y Graciela, de asegurarse el rol que éste había tenido durante la dictadura y de verificar la partida de nacimiento de su hija. Prácticamente todas las falsas partidas de nacimiento de los bebés nacidos en la ESMA están rubricadas por el doctor Magnacco, por lo que su firma es casi garantía de delito.

Comenzaba así un proceso lento en el que cada paso debía darse con sumo cuidado, ya que el objetivo principal era proteger a la persona que se suponía hija de desaparecidos, es decir, a mí. El tic-tac del reloj seguía sonando, cada vez más fuerte, cada vez más cerca. Victoria no seguiría mucho tiempo más en la sombra.

Entretanto, acompañando el lento pero constante degenerar de la situación política y económica de la Argentina, mi pasaje de una militancia universitaria con Venceremos a una militancia barrial, con Barrios de Pie o el Polo Social, no se hacía sin sobresaltos y aprendizaje de nuevas reglas de juego. Finalmente, era como si a pesar de sus eternos sinsabores electorales, la militancia universitaria nos hubiera malacostumbrado a un cierto estatus entre las otras agrupaciones que pronto tuvimos que olvidar. La Venceremos era un bloque cohesionado, y nos apoyábamos con fuerza en todas las facultades en las que tenía presencia. Muchas agrupaciones nos respetaban en exceso o incluso nos temían, y en medio de tanta movilización social y estudiantil, no podíamos sino sucumbir a una cierta sensación de omnipotencia frente a los demás.

Pero en el territorio, en los barrios donde casi todo se mueve por influencias o favores, y donde las estructuras de poder paralelas rigen desde hace décadas, nuestro lugar se redefinió muy rápidamente. Una vez, en la época en la que aún recorríamos las casas vendiendo *En Marcha* e intentando bajar un discurso político, pusimos una mesa con volantes y propaganda cerca de la estación de ferrocarriles. A los pocos minutos, dos tipos se nos acercaron amenazantes. Parecían recién salidos de una mala película sobre mafias sindicales:

—Nenas, mejor que saquen todas sus cosas de acá porque este lugar es nuestro —nos dijeron a Vicky y a mí casi sin mirarnos—. Acá va la mesa de la CGT.

—Disculpame —lo corté, incapaz como siempre de medir mis palabras antes de pronunciarlas—: nosotras llegamos antes, y yo no veo ningún cartel que diga que el lugar es tuyo.

—No te lo voy a pedir dos veces —insistió el mismo que había hablado, mientras el otro se limitaba a mirar un punto en el infinito, justo detrás nuestro, sin pronunciar palabra.

—¿Vos sabés quiénes somos? —pregunté retóricamente, y tras una pausa—: somos de la Corriente Patria Libre, así que mejor no te metás con nosotras —escupí, esperando ver el miedo en sus ojos. Pero en lugar de miedo había hielo y poca paciencia, y sin parpadear dijo muy lentamente, dejando claro que era la última:

—No tengo ni puta idea de quiénes son, pero si no sacás la mesa ya, la saco yo, con vos, tu amiga y todos los volantes juntos. ¿Me entendiste?

Estaba claro que ya no estábamos en un claustro de la facultad, y que nuestros rivales no eran futuros abogados provenientes de la clase media y alta porteña. Este mundo era otro mundo, en el que las tensiones eran sólidas y el territorio ganado se defendía con todo. Y en este nuevo mundo, el lugar había que ganárselo. En silencio y sin mirarlo me puse de pie y empecé a levantar las cosas de la mesa. Mientras Vicky me ayudaba, los dos tipos se alejaron, solo para detenerse a unos cincuenta metros de distancia, controlando que nos fuéramos.

A medida que se acercaba el fin del 2001, las tensiones sociales y económicas crecían de manera progresiva. Los organismos internacionales de crédito, principalmente el FMI, exigían al Gobierno mantener un déficit cero en el gasto público como condición de acceso a cualquier nuevo préstamo o renegociación de los vencimientos en los pagos de la deuda. La traducción de estas exigencias en términos de política real era aun más ajuste en el marco del mismo modelo económico del gobierno menemista, cuando ya se iba para cinco años constantes de ajuste y de políticas de recorte del gasto estatal. Reducción del sueldo a los empleados públicos, congelamiento de los retiros de las cuentas bancarias (conocido como "corralito"), impuesto a los cheques y amenazas de suspensión del aguinaldo de fin de año adornaban cada día las portadas de los diarios, y la sensación generalizada era no solo que se había cambiado de gobierno para seguir con el mismo modelo económico, sino que el Presidente era incapaz de hacer frente a una crisis cada vez más instalada.

De forma inversamente proporcional a la capacidad de reacción del estamento político argentino, la sociedad civil comenzó a organizarse de manera cada vez más fuerte, como una alternativa de cohesión frente al país que se resquebrajaba. Los movimientos de desocupados, los piqueteros y las asambleas populares, de las que participábamos activamente, eran ya parte de la vida cotidiana de los argentinos. Organizaciones gremiales como la Central de Trabajadores Argentinos, junto a organismos de derechos humanos y representantes de los principales credos religiosos de la Argentina, se juntaron en el marco de la promoción del Frente Nacional Contra la Pobreza. Sin logar ser oídos por los representantes del Gobierno o la oposición, organizaron un referéndum nacional para la aplicación de un plan de emergencia con el lema "ni un hogar pobre en la Argentina". El resultado fue abrumador: casi tres millones de personas se dieron cita para aprobar la propuesta de un plan económico que garantizara un mínimo seguro de desempleo, una asignación fija por cada hijo y una cobertura a mayores de 65 años que no tuviesen acceso a la jubilación. Aquella victoria fue un grito de rebelión de los argentinos, hartos de ver cómo la clase política seguía negociando nuevos préstamos en el extranjero a cambio de nuevos ajustes.

Pero la euforia de aquella victoria en la que importaba más la enorme participación popular que el resultado electoral en sí no duró casi nada, apenas unos días. Si el recuento de votos terminó el día 17 de diciembre del 2001, tan sólo dos días después comenzaría la revuelta popular conocida como el "cacerolazo", cuya represión por parte de las fuerzas policiales y el propio caos generalizado se cobraría cincuenta muertos y miles de heridos, provocando la renuncia del ministro de Economía Cavallo primero, y del presidente De la Rúa al día siguiente. En aquel verano veríamos pasar hasta cinco presidentes, instalarse sistemas de trueques, devaluar la moneda hasta dejarla a un 25% de su valor original y pesificar todos los depósitos en dólares, haciendo perder a los pequeños y medianos ahorristas cifras escalofriantes. La Argentina terminaría declarando entre vítores de sus diputados y senadores el *default* ante los organismos de crédito, y durante los años siguientes quedaría totalmente aislada del contexto internacional.

En ese marco de efervescencia, en aquel mundo en el que cada día podía potencialmente trastocar para siempre el destino de las personas, los movimientos sociales, el mundo asociativo, las asambleas populares de autogestión y las agrupaciones de izquierda en general vivieron un crecimiento sin precedentes, nosotros entre ellos, canalizando un descontento popular y una necesidad de cambio cristalizada en el eslogan que recorría el país como el fantasma del comunismo había recorrido Europa en las épocas del *Manifiesto*: "Que se vayan todos".

La noche del 19 al 20 de diciembre del 2001 yo había ido con otras dos compañeras de militancia, Laura y Lorena, a una reunión con la juventud de la CTA, bien vestidas y maquilladas porque pensábamos ir a bailar. Dormimos en casa de Laura, y al día siguiente nos dirigimos hacia la plaza del Congreso, vestidas igual que la noche anterior. El comité de recepción para la gala a la que parecíamos ir consistía en varios escuadrones de policías en moto, camiones hidrantes, vallas destruidas y balas, muchas balas. Aquella noche nunca llegamos a Plaza de Mayo, nos limitábamos a correr de un lado a otro esquivando golpes y respirando gases. Lorena era completamente miope, y tuvo que sacarse los anteojos por culpa de los gases. Temiendo que se diera directamente contra un muro, o contra un policía, la tomé con una mano mientras aferraba la de Laura con la otra, y seguimos corriendo las tres, vestidas para salir a bailar, con barbijos y rodeadas de policías en motos. En un momento pensé en sacarnos los barbijos para que, dada la forma en la que íbamos vestidas, los policías no nos identificasen como "manifestantes", pero llevábamos untado tanto limón encima para evitar el efecto de los gases que no era necesario vernos, con olernos bastaba. Para colmo, en medio del caos suena mi teléfono para avisarme que Roberto, mi responsable de la zona Sur que, siguiendo mi ya sana costumbre ahora era mi novio, casi se había desangrado en el puente Pueyrredón. La policía montada les había tirado los caballos encima y uno le pisó la pierna, desgarrándosela hasta la arteria femoral. Roberto tenía eso: si ibas a una manifestación en la que podía haber enfrentamientos con la policía, o en los que podías correr algún riesgo, bastaba con ponerse junto a él para estar seguro de que si algo pasaba, le pasaría a él. Tenía un imán para las catástrofes.

Para enero del 2002, el crecimiento de Patria Libre era exponencial, y nuestro trabajo en los barrios daba sus primeros frutos con la creación del Movimiento Barrios de Pie. Desde aquella iniciativa se logró canalizar y se canaliza todavía hoy el fuerte descontento de la gente y su necesidad de movilizarse, de hacer "algo" en medio de la desintegración de la sociedad que se percibía en aquellos momentos. Todos los días había nuevos cortes de rutas y de calles en todo el país, exigiendo trabajo y comida para los cada vez más numerosos pobres de la Argentina. Nosotros cortábamos el puente Pueyrredón, acceso sur de la Capital, y los enfrentamientos con las fuerzas policiales eran casi cotidianos. Recuerdo una vez que nos habíamos concentrado en el puente Pueyrredón para marchar hacia Plaza de Mayo, donde se realizaba una asamblea. Al llegar al puente, todas las luces estaban apagadas. Cuando estábamos a mitad de camino, de pronto se encendieron todas, aunque no recuerdo si eran las luces del puente o las de las motos de la policía, pero lo que sí recuerdo es que, como por arte de magia, había frente a nosotros tres cuerpos de policía: infantería, motorizada y montada: por ahí no pasaríamos nunca. Alguien señaló que el viejo puente no estaba cortado y todos fueron corriendo hacia allí, policías de un lado y manifestantes del otro. Yo quedé como suspendida entre dos movimientos, frente a frente con un policía que me miraba fijamente a poco más de un metro de distancia. Por un segundo parecía como estar delante de un espejo: si yo amagaba moverme a la derecha, el policía hacía lo mismo; si lo hacía a la izquierda, él también. Al final decidí correr hacia atrás, dirección en la que le llevaba al menos un metro de ventaja, y pude protegerme en la columna del movimiento.

Con el pasar de los meses la sensación de inminencia se fue apaciguando entre la gente y los medios, pero no así los enfrentamientos entre la policía y las diferentes organizaciones piqueteras, a quienes habían señalado como los causantes del caos, prefiriéndolos a los gobiernos anteriores y los planes económicos del FMI. Después de todo, éramos una presa más asequible. El pico máximo del enfrentamiento culminó en lo que no se puede llamar sino "cacería", el 26 de junio de 2002, cuando una banda de policías armados, actuando como en los viejos tiempos de las "patotas" y los grupos de tareas, persiguieron, acorralaron y asesinaron a sangre fría a Darío Santillán y Maximiliano Kosteki. La virulencia de la represión siempre va de la mano de la resistencia.

Barrios de Pie se había organizado en diferentes áreas: salud, educación, género, juventud, etcétera, y desde cada una de ellas se buscaba organizar talleres, actividades cooperativas, crear bolsas de trabajo o redes solidarias, armando una estructura participativa "desde abajo" frente a la represión y el inmovilismo que llegaba "desde arriba". En Avellaneda trabajábamos en el comedor comunitario Azucena Villaflor, nombrado así en homenaje a una de las fundadoras de las Madres de Plaza de Mayo y desaparecida durante la dictadura.

Fue en ese lugar, que honraba la misma lucha que llevaba adelante mi abuela Leontina desde Abuelas de Plaza de Mayo, y donde yo colaboraba creyéndome la hija de un ex militar a quien no suponía responsable de ninguna de las atrocidades cometidas durante la dictadura, que las investigaciones que llevaban en paralelo la comisión Hermanos y las Abuelas pusieron frente a mí por primera vez a María y Laura, que con el objetivo de sacarme unas fotos se hicieron pasar por estudiantes de Sociología.

Supongo que en algún momento me pregunté para qué querían sacar fotos para un trabajo de la facultad, aunque reconozco que jamás se me cruzó por la cabeza preguntarme por qué no grababan lo que decía, y por qué parecían más interesadas en mí que en lo que me estaban preguntando.

Tiempo después Lucía me contó que cuando revelaron las fotos y las pusieron junto a las de Cori y el Cabo, ya no les quedó ninguna duda respecto de mi verdadera identidad. Pero el objetivo era ser prudentes, no jugar con el trauma que ocasiona el tamaño y las infinitas consecuencias de la verdad revelada. Ellos saben que su principal enemigo en su búsqueda de la verdad es la falsa compasión del común denominador de las personas cuando afirman que una verdad tan traumática puede no aportar nada y que destruye vidas, poniendo en una situación insostenible a los chicos apropiados. Pero ese común denominador no es consciente de lo importante de esa verdad, de lo inconcebible que resulta para nosotros, los apropiados, construir una identidad, una historia y una vida sin conocer nuestro origen, nuestra herencia, quiénes somos y quién es nuestra verdadera familia. Solo se puede vivir en la ignorancia cuando ésta abarca incluso el desconocer que se ignora algo tan esencial y vital como el origen. Y nadie en el mundo merece tal forma de ignorancia.

Y en mi ignorancia yo ni siquiera sospechaba que acababa de producirse el evento que haría dar un vuelco a mi vida, o más precisamente, que pondría mi vida en cuestión desde sus mismos cimientos. El mes de octubre del 2002 marcaba en el calendario mi particular principio del fin: si todo final marca el principio de algo, si toda conclusión es el punto de partida de una nueva historia, en aquel momento comenzaba a escribirse el final de Analía, y se abría el juego para la aparición de Victoria, cuyo principio había sido truncado, puesto en pausa por una dictadura sanguinaria, pero nunca detenido definitivamente.

Analía no estaba condenada a desaparecer, Analía soy yo, pero lo que sí desaparecería, o para ser más precisos se derrumbaría, eran los cimientos sobre los que Analía se había construido: su lugar de nacimiento, sus padres, incluso su verdadera edad. Pero Analía seguiría viviendo en Victoria, sus esencias se redefinirían, pero nunca dejaría de ser yo misma.

Faltaban aún varios meses, y debían suceder aún muchas cosas antes de julio del 2003, antes de que en una semana mi padre dejase de ser inocente para pasar a ser culpable, y para finalmente dejar de ser mi padre. Para que mis verdaderos padres nacieran y murieran en el mismo acto, y para que la historia de una familia, la mía, se abriera ante mí finalmente. Todavía seguiría creyendo por un tiempo que mi rebeldía solo se justificaba desde mí, desconociendo el carácter que Cori imprimió en mis genes y que hoy me explica de manera distinta. Todavía seguiría pensando que algún día llamaría a mi hija Victoria, en honor a mi amiga Vicky y al amor que siempre sentí por aquel nombre durante mi infancia, sin saber que era también el mío.

Y seguiría militando y luchando por lo que creía justo, para que el día en que todo fuera puesto en cuestión en mi vida, mis convicciones y mi dedicación no solo no se vieran afectadas, sino que se convirtieran en mi principal sostén y punto de identificación con los padres a los que me habían impedido conocer.

Pero todavía no era el momento. Este era solo el principio del fin.

VII. Victoria

V illa Inflamable se ubica al sur del barrio de Dock Sud, en
el municipio de Avellaneda, provincia de Buenos Aires.
Los asentamientos de la villa se encuentran en una de las
zonas más contaminadas del país, si no la más: por un lado,
el Polo Petroquímico de Dock Sud, creado en 1914, alberga
en su seno cuarenta y dos empresas relacionadas con la in-
dustria, veinticinco de las cuales son consideradas de alto
riesgo; por el otro, el CEAMSE, el cinturón ecológico, poblado de basurales al aire libre y con permanentes quemas de
residuos, legales e ilegales. La mayoría de las 25 mil personas que viven en Villa Inflamable no tienen electricidad ni
agua potable, y según estudios realizados por una agencia
de cooperación internacional japonesa la zona es de alto
riesgo para la vida humana, con presencia de gases tóxicos
y metales pesados, provocando altos niveles de plomo en la
sangre de los habitantes, problemas respiratorios severos y
un aumento de hasta un 60% en las posibilidades de desarrollar cáncer. Anécdotas como la inauguración de la planta de coque de Shell en 1993, que había sido desmantelada

en Holanda por ser extremadamente contaminante y traída a la Argentina donde "todo era negociable" para ser inaugurada con gran pompa por el entonces gobernador Eduardo Duhalde, son altamente representativas de la tierra de nadie que era Villa Inflamable en el mapa de la pobreza nacional.

Desde Barrios de Pie, instalamos en aquel lugar olvidado del capitalismo y el desarrollo humano un trabajo permanente con los vecinos, alfabetizando, realizando asesorías jurídicas y promoviendo tareas solidarias. Y en aquel lugar vivía también don Vicente, arquetipo de lo que podía encontrarse en la villa: de una edad imposible de determinar aunque indiscutiblemente viejo, muy viejo, don Vicente había llegado con su barba blanca y su pelo largo y gris desde la provincia del Chaco en la década del noventa, y desde entonces malvivía como podía en una pequeña casucha de madera y chapa instalada sobre una laguna de aguas contaminadas rellenada de residuos altamente tóxicos.

Don Vicente no se llamaba Vicente, tenía un nombre raro, que me cuesta recordar entre otras cosas porque él era incapaz de escribirlo, y por ende nosotros tampoco. Simplemente en la villa todo el mundo lo llamaba Vicente, y lo mismo hicimos nosotros. Durante meses, fue el estudiante más aplicado de todos aquellos a los que enseñamos a leer y escribir, y cada día venía con su cuaderno y su lápiz, mostrando orgulloso los progresos realizados durante la noche anterior. Cuando por fin terminó el curso de alfabetización, fue convocado junto con los otros estudiantes por el Ministerio de Educación, donde se les otorgaría un diploma simbólico en el cual constaba que se habían alfabetizado. El día de la entrega de diplomas, cuando todos debíamos subir al micro que nos llevaría al Ministerio, don Vicente no aparecía por ningún lado. Preocupada por que mi alumno preferido se perdiese el acto, me ofrecí a ir a buscarlo, y me acerqué a su casilla. Casi no lo reconocí: se había afeitado y cortado el pelo, llevaba sus ropas de domingo e incluso se había teñido. Mi primera reacción fue de sorpresa, casi de reproche frente a aquella "falsificación", pero comprendí que no podía juzgarlo: a pesar de tratarse de un homenaje realizado por un Estado que llevaba décadas ignorándolo y al que no le debía nada, no dejaba de ser un homenaje, con seguridad el primero de su vida. Iban a entregarle un diploma y él quería estar más "presentable" que nunca. ¿Cómo no entenderlo?

Cada día nos encontrábamos con historias como las de Vicente. Conocerlas, interesarnos y hacer algo, por más pequeño que fuera, por aquella gente, era la razón que nos motivaba cada día a continuar y a seguir luchando, a pesar de las frustraciones, siempre más numerosas que los éxitos.

En abril del 2003 se llevaron a cabo finalmente las elecciones presidenciales, a más de un año de la renuncia de De la Rúa y con cinco presidentes en el haber desde entonces. Desde su llegada a la presidencia y tras la devaluación del peso, Eduardo Duhalde había respondido al descontento de los cada vez más amplios sectores marginalizados con represión, con el punto culminante del 26 de junio del 2002 y la muerte de Kosteki y Santillán. En aquel entonces el futuro presidente Néstor Kirchner era el candidato de Duhalde, y para colmo por descarte, luego de que los dos primeros políticos a quienes se les propuso la candidatura la rechazaron o no sumaron suficiente consenso. Los otros candidatos peronistas eran Adolfo Rodríguez Saá y el incombustible Carlos Menem, que se presentaba como salvador de quienes creen que el presente no es consecuencia del pasado. Desde las jornadas de diciembre del 2001, y tras la intensa movilización popular que siguió, en Patria Libre se había luchado por construir una base social, por ser parte de un proyecto político alternativo en la Argentina, armado desde los sectores populares. Con ese objetivo integramos en su momento el Polo Social, y con esa misma intención trabajábamos desde Barrios de Pie con los vecinos y los movimientos de desocupados. Pero en el 2003 el escenario era el de una interna peronista, y Patria Libre llamó al voto en blanco. Incluso recuerdo un momento de la campaña, mientras todas las diferentes agrupaciones nos peleábamos por el más mínimo pedazo de muro en el que pintar las consignas. Estábamos en Avellaneda, y frente a frente había dos muros con las candidaturas de Rodríguez Saá en uno y Kirchner en el otro, ambas promovidas por el mismo intendente. Sólo nos quedaba cal para tapar una, y había que decidir cuál. Se asociaba tanto a Kirchner con Duhalde y con el continuismo, y a la vez se lo consideraba tan carente de peso político, que no pude sino elegir tapar la suya. Después de todo, había menos posibilidades de cruzarnos con su gente que con la de Rodríguez Saá mientras les tapábamos su pintada.

El 27 de abril de aquel año, en su último pase de magia, Carlos Menem resultó victorioso con apenas el 24% de los votos, y Kirchner segundo con 22%. Temiendo un resultado similar al de Le Pen en Francia un año atrás, Menem no se presentó a las elecciones de la segunda vuelta, y Kirchner llegó a la presidencia con una muy escasa representatividad. En su búsqueda de apoyos dentro de las fuerzas sociales y los movimientos populares, desde nuestro movimiento se le presentó al nuevo presidente una lista de puntos que, a nuestro parecer, eran esenciales para construir un nuevo modelo de país.

Y muchos de esos puntos pronto comenzaron a cumplirse, o a ponerse en movimiento, principalmente en lo relacionado con los crímenes cometidos por los militares durante la dictadura. Los proyectos de anulación de las "leyes de impunidad" y de declaración de inconstitucionalidad de los indultos de Menem, el del Museo de la Memoria, la reivindicación de las Abuelas y las Madres de Plaza de Mayo, estaban entre aquellos puntos que yo consideraba imprescindibles para poner al país en movimiento. Y vaya si se movería. Se movería hasta sus cimientos mismos, hasta que de su interior surgieran las verdades enterradas en fosas comunes, quemadas o arrojadas al río de la Plata.

Y hasta que, a fuerza de moverse, terminase por dar la sacudida definitiva a mi vida.

Si bien la presidencia de Kirchner puso oficialmente en marcha los mecanismos para anular las leyes de impunidad, lo cierto es que la estructura de protección que éstas aseguraban ya tambaleaba desde mucho antes, independientemente de las voluntades políticas de los gobiernos de turno. Y el camino que llevaba al fin de la impunidad se basaba en dos puntos concretos:

El primero de ellos trata de la imprescriptibilidad de los delitos de abuso y apropiación de menores. Durante los juicios a las Juntas de 1985, y a pesar de que algunos integrantes de la cúpula militar fueron juzgados por este crimen, la fiscalía no consideró el robo de bebés como parte de un plan sistemático llevado a cabo por el gobierno de facto. Así, a pesar de las trabas judiciales que imponían las leyes de Punto

Final, de Obediencia Debida y los indultos, las Abuelas de Plaza de Mayo pudieron continuar con sus investigaciones y presentar varios juicios de recuperación de identidad durante las décadas del ochenta y noventa, entre ellos el tristemente célebre y ya mencionado caso de los mellizos Reggiardo-Tolosa, que terminó con la condena del subcomisario Samuel Miara, su apropiador, a doce años de cárcel. Además, las Abuelas también consiguieron abrir una causa sobre el robo de casi doscientos bebés durante la dictadura presentándolo como un plan orquestado desde la cúpula del gobierno militar en 1996, que de momento ha llevado al ex dictador Videla de nuevo a prisión (aunque sea domiciliaria, debido a su edad), a pesar de los intentos de los gobiernos democráticos por evitar que "se remueva el pasado reciente".

El segundo de los puntos se desencadena precisamente con la reforma constitucional de 1994, la misma que aseguraba la reelección a la presidencia de Carlos Menem, principal garante de la impunidad militar en la Argentina. En aquella reforma, se establecía que los tratados internacionales a los que adhiriese la Argentina tomarían automáticamente rango constitucional, lo que los colocaba por encima de las leyes dictadas por el Congreso de la Nación. La declaración 291 de la ONU sobre la imprescriptibilidad de los crímenes de guerra y de lesa humanidad a la que la Argentina había adherido permitía entonces un resquicio legal por el cual, si existiese la voluntad política, podrían anularse las leyes que impedían los juicios a los responsables de crímenes durante la dictadura. Esta idea se vio reforzada en 1995, cuando la Corte Suprema revocó la decisión de un juez para aceptar la extradición a Italia de Erich Priebke, un criminal de guerra nazi acusado de ser el responsable de la "Matanza de las Fosas Adreatinas", donde murieron miles de judíos. La decisión de la corte se basaba precisamente en la imprescriptibilidad de los crímenes de lesa humanidad, y en los acuerdos internacionales sobre la extradición de criminales de guerra.

El problema era que para que un acuerdo internacional adquiriese pleno carácter constitucional, éste debía ser rubricado mediante la firma del presidente de turno. Por supuesto, ni Menem ni De la Rúa firmaron la aplicación del acuerdo.

En el 2001 se produjo el último de los eventos que llevarían a la definitiva anulación de las leyes de impunidad dos años después: en ese año, México aceptaba extraditar a España al torturador y asesino Ricardo Cavallo, "Sérpico", por cuanto en la Argentina no existían garantías para llevar adelante un proceso judicial en su contra. Como había sucedido en el caso de Pinochet, el brazo de la Justicia internacional amenazaba con llegar allí donde no llegaban las Justicias nacionales. En un intento desesperado de proteger la impunidad de los militares, el mismo año el presidente De la Rúa firmaba un decreto que impedía las extradiciones de militares argentinos, basándose en el principio de integridad territorial.

Ya desde el 2001 existían en la Argentina pedidos de declaración de inconstitucionalidad de las leyes de impunidad presentados por jueces nacionales, pero no existía ninguna voluntad política de llevarlos hasta sus últimas consecuencias. La llegada al gobierno de Néstor Kirchner cambió la tendencia, con una política claramente orientada a la recuperación de la memoria y la defensa de los derechos humanos. Una de sus primeras acciones fue buscar la anulación de las leyes de impunidad, que festejé como el fin de una lucha de años. Pero no hay acción sin reacción, ni decisión sin consecuencias. Y en este caso, consecuencias no faltarían.

La debacle comenzó a principios de julio del 2003, cuando por enésima vez el juez Garzón repitió su pedido de extradición a militares argentinos. Los proyectos para la declaración de la inconstitucionalidad de las leyes de Obediencia Debida y Punto Final ya estaba en marcha en el Congreso, y era solo cuestión de meses, si no semanas, antes de que se votase. Como primer paso y como señal clara respecto de la dirección que pensaba tomar el nuevo gobierno en materia de derechos humanos, Kirchner anuló mediante un nuevo decreto el firmado por De la Rúa en 2001 y que impedía las extradiciones de militares argentinos. Este sencillo acto generó la reacción en cadena que terminaría con mi vida tal y como la conocía hasta entonces.

El 24 de julio del 2003 el juez argentino que había recibido el pedido de extradición, Rodolfo Canicoba Corral, solicitó la detención preventiva de los cuarenta y siete militares de la lista de Garzón. Yo en aquel entonces vivía en el centro cultural que habíamos organizado en una antigua sede del Banco Mayo, desde donde seguíamos realizando trabajo territorial. El 24 de julio era jueves, y como todos los jueves, la familia se reunía en casa de Raúl y Graciela. Estas reuniones estaban preestablecidas desde tiempos inmemoriales como aquellas en las que cenaba junta toda la familia.

Cuando llegué aquella noche, me resultó extraño no ver a Raúl por ningún lado. Graciela me dijo que no se sentía bien, y que se iba a quedar en la cama. Raúl no solía dejarse abatir por un simple malestar, y lo normal era que hubiese bajado aunque fuese a estar un poco con nosotras. Siempre habíamos sido una familia muy unida, y los jueves y domingos eran los dos días en los que no se admitían faltas de ningún tipo. Me ofrecí a subirle un té a la habitación esperando verlo postrado y enfermo, pero lo que me encontré distaba mucho de mis expectativas.

Raúl estaba de pie, agitándose de un lado a otro de la habitación mientras se vestía. Si algo había sido siempre característico en él era esa meticulosidad en el vestirse tan típica de los militares, como si cada movimiento estuviese planeado de antemano. Cuando era chica me encantaba verlo vestirse, siempre en el mismo orden, en una continuidad producto de repetir siempre los mismos gestos. Aquella noche sin embargo dudaba al elegir su camisa, que cambió dos veces, y entre prenda y prenda se detenía a resoplar como agotado por un esfuerzo sobrehumano.

Quedé tan sorprendida por aquella persona nerviosa y dubitativa en quien no reconocía a Raúl que me olvidé por completo del té y del hecho de que no solo no estuviese enfermo, sino que se estaba preparando para salir.

Cuando por fin pareció notar mi presencia, me dijo directamente, sin saludarme y avanzando hacia el cajón de la cómoda donde guardaba su revólver:

—Analía, necesito que esta noche te quedes en casa.

Asentí sin emitir sonido ni cuestionar lo que era casi una orden. Normalmente le hubiera preguntado por qué, o me hubiera negado simplemente porque me parecía una imposición. O habría montado una escena porque en realidad no estaba enfermo. O al menos le hubiera preguntado adónde iba. Pero no dije nada, solo asentí. Más que por no cuestionar su autoridad, mi ausencia de preguntas se debía a la fuerte sensación de no querer escuchar las respuestas.

Raúl salió de la casa a eso de las diez de la noche, siempre sin dar explicaciones, aunque esta vez dándonos un beso a las tres. Finalmente había conseguido vestirse, y estaba impecable como siempre. De hecho, sin estar "trajeado", Raúl estaba particularmente elegante. Yo quise interpretar su sorpresivo gesto de amor como una forma de tranquilizarnos por lo misterioso de su partida. Me recordé a mí misma que un mes atrás le habían robado la camioneta, y me tranquilicé pensando que lo que sucedía tenía que ver con aquel robo. Quizás algún amigo la habría encontrado, y él tenía que ir a recuperarla. Quise creer que llevaba el revólver por precaución.

Me quedé en el salón mirando la televisión. Normalmente habría pasado el tiempo saltando de un canal a otro, sin mirar nada en particular, pero justo aquella noche me quedé enganchada mirando una película, ajena a lo que pasaba en ese momento en el mundo. Aún hoy, cuando pienso en aquella noche, no logro recordar qué película era la que me mantuvo alejada de los canales informativos. Y por alguna razón que no comprendo, no recordarla me produce un inmenso dolor, como si saberlo me otorgase el poder de cambiar la forma en la que sucedieron las cosas.

A la una de la mañana, sonó el teléfono:

—Analía, soy yo —dijo desde el otro lado Raúl en un tono aun más sombrío que cuando lo había cruzado unas horas antes—. Necesito que esperes un poco más en casa. Dentro de una hora, llamá a este teléfono —y me dictó el número mientras yo anotaba como un autómata, con un ojo puesto en la televisión.

Una hora después llamé, siempre con la vista fija en la pantalla del televisor, sin poder ni dormirme ni hacer algo diferente que mantenerme a la expectativa. Antes de que me respondiesen sabía, por la forma en que estaba sonando, por el escalofrío que recorría mi espalda, por el tono de voz de Raúl la última vez que había llamado, que no se trataba de buenas noticias. Cuando escuché que la voz que se dirigía a mí desde el otro lado del aparato no era la de él, confirmé mis peores presentimientos.

—¿Vos sos Analía? Tu papá está en el hospital. Acaba de pegarse un tiro.

Raúl había intentado suicidarse, disparándose un tiro en la boca con su revólver reglamentario. Quizás había considerado que no tenía la fuerza ni la voluntad de hacer frente a su pasado, de ver resurgir los muertos de sus tumbas silenciosas, y considerado que la mejor opción para su familia era librarlos de lo que se vendría: la cárcel, las miradas de los vecinos... y más. Mucho más.

Pero había fallado. La bala no había dañado el cerebro, y Raúl se encontraba en coma inducido en una cama del Hospital Naval, en Capital. Yo no tenía tiempo para llorar. No todavía. Graciela siempre había sido una mujer de salud muy frágil, por lo que yo tendría que encargarme del asunto. Subí a despertar a mi hermana y a su novio, que se había quedado a dormir en casa, juntas despertamos a Graciela con cuidado y llamé a un remise para que nos llevase al hospital. Cuando entré a la habitación donde lo tenían lo hice intempestivamente, sin reflexionar sobre lo que podía encontrarme: frente a mí estaba mi padre, al que había visto unas pocas horas antes, inconsciente y sin rostro. El disparo lo había desfigurado.

Casi como si todo hubiese sido orquestado desde el principio, en el momento en el que salí de la habitación hacia la sala de espera, en una televisión empotrada en la pared para hacer perder aunque sea un poco la noción del tiempo a quienes allí aguardan, se encontraba la explicación de las acciones de Raúl. En la pantalla brillaba la placa informativa roja y amarilla de Crónica TV donde se anunciaba el pedido de extradición, la lista, y en la lista, el nombre de Raúl. No pasaría mucho hasta que el intento de suicidio se convirtiese a su vez en una placa informativa, desnudando por completo nuestra familia a los ojos del país entero. Así, cuando finalmente comprendí por qué había tomado aquella trágica decisión, ya no sabía por qué llorar: ¿llorar por el intento de suicidio de mi padre, llorar por el sufrimiento de mi madre, o llorar por las causas de su intento de suicidio? Mi padre de repente había dejado de ser un inocente comerciante de frutas y verduras de Dock Sud para convertirse en una de las personas por cuyo encarcelamiento yo luchaba desde hacía años. Las imágenes de Raúl ayudándome con dinero, con algunos muebles viejos o simplemente llevándome y trayéndome de lugares como el Azucena Villaflor se volvían incongruentes y difusas pensando que la mujer que daba su nombre al centro cultural era una desaparecida, secuestrada por los grupos de tareas durante la dictadura. Los mismos grupos de tareas a los que Raúl había, aparentemente, pertenecido.

Hasta aquel momento había convivido con la idea de ser hija de un ex militar, e incluso aquello me había traído animosidades con ciertas personas, como era el caso de mi amiga Vicky, hija de desaparecidos. Pero para mí Raúl siempre había sido ajeno a la dictadura, una suerte de electrón libre que había simplemente cumplido algunos años de inocente servicio antes de pasar a ser verdulero y civil. Pero ahora me enfrentaba a la insostenible realidad del que comprende que alguien a quien ama pertenece al enemigo, y se encuentra de pronto irremediablemente ante un dilema moral sin solución.

Completamente superada por las circunstancias, obligándome a ser la persona fuerte del trío que formábamos con Graciela y Clara, me encontraba sin haberlo previsto de ninguna manera siendo la hija de un torturador, acusado por la Justicia española de aquello por lo que no podía ser acusado en la Argentina, y que para colmo yacía inconsciente y con pronóstico reservado en la cama de un hospital tras haber intentado suicidarse, por lo que no podía tampoco interpelarlo a él en busca de soluciones. Y en aquel maremágnum de sensaciones encontradas y de abismos que se abrían bajo mis pies, no podía evitar pensar en una sola y única cosa, que se me aparecía como la consecuencia natural e inevitable de lo que me estaba sucediendo, de mi nueva condición:

Tendría que dejar de militar.

Los tres días que siguieron a aquella noche fatídica se encuentran difusos en mis recuerdos, como si a partir de allí hubiese sido devorada por una nebulosa de dudas, dentro de la cual nada de lo que yo creía hasta entonces podía ya ser cierto. Pero todavía faltaba lo peor.

En algún momento muy próximo al intento de suicidio de Raúl, torturada por las nuevas informaciones que tenía ahora sobre mi padre, no pude soportar más la sensación opresiva de tener que hacer algo respecto de mi militancia. Esta vez sí entre lágrimas, incapaz ya de contener mi inconmensurable sufrimiento, decidí llamar a la sede de Abuelas de Plaza de Mayo, con quienes últimamente habíamos estrechado nuestros lazos y nuestra colaboración, en vista de los nuevos impulsos dados a los derechos humanos desde el Gobierno. Cuando tuve del otro lado de la línea a Estela de Carlotto, solo podía balbucear que lo sentía. Necesitaba disculparme porque había descubierto que mi padre era un torturador, necesitaba en el fondo que alguien me dijese que tenía el derecho de seguir militando, que mi herencia genética no me prohibía continuar luchando por lo que siempre había luchado. Estela fue comprensiva y maternal, me dijo aquello que yo necesitaba escuchar, y me pareció sorprendentemente calma dadas las circunstancias, aunque en aquel momento yo era incapaz de detenerme en detalles. Lo que yo no sabía era que Vicky, a quien había llamado en primer lugar buscando su amistad y su consuelo, se me había adelantado en el llamado a las Abuelas, y para cuando yo hablé con la presidenta de Abuelas, ya había sido convocada una reunión de urgencia para determinar los pasos a seguir en mi caso. Llevaban mucho tiempo teniendo extremo cuidado respecto de la investigación sobre mi identidad, y nadie estaba dispuesto a tirar todo aquel trabajo por la borda. Sobre todo si ello implicaba algún tipo de daño a mi persona.

A la reunión acudieron los representantes de la comisión Hermanos que llevaban mi caso, de Abuelas y de la Corriente Patria Libre, algunos de los cuales ya estaban desde hacía un tiempo al tanto y, como el resto, solo esperaban el momento oportuno para abordarme. Los tiempos se habían acelerado, y todos coincidieron en que quizás era mejor decirme de una vez toda la verdad de sus sospechas, que dejarme seguir creyendo que mi padre era uno de quienes yo nunca había dudado en considerar asesinos.

Apenas tres días después y sin dar siquiera tiempo a que pasase una semana desde el intento de suicidio de Raúl, me encontré con el "Yuyo" frente a la mesa de un bar. Me había dicho que necesitaba hablar conmigo. "Es urgente", había sentenciado, como excusándose por interrumpir en un momento tan difícil de mi vida. O al menos eso creí cuando accedí a verlo.

Los recuerdos de aquel encuentro son fragmentarios. Tras salir del bar en el que estaba con el "Yuyo" yo ya no sabía quién era, incapaz de procesar toda la información que había destruido mi existencia en pocos días. Sí recuerdo la comprensión de todos los que allí estaban, sus intentos desesperados por desligarme del destino de quien ahora se había convertido en mi apropiador, y su extremo cuidado respecto de la identidad de aquellos que sospechaban habían sido mis padres. Cuando ésa noche llegué a mi casa actuaba en piloto automático, moviéndome como una zombi, incapaz de cargar con el peso de lo que había sucedido. Incluso durante unos instantes estuve a punto de acabar con todo: fui al lugar donde Raúl guardaba su revólver, y me quedé mirándolo durante unos minutos que parecieron eternos mientras intentaba decidir si era capaz de vivir la vida que me tocaría a partir de entonces. Eran demasiados duelos, demasiada muerte a mi alrededor. No había terminado de digerir la verdadera identidad de mi padre y su intento de suicidio cuando como por arte de magia dejó de ser mi padre, y a la vez era incapaz de abrir un hueco a quienes eran en realidad mis progenitores, ya que se me impedía de momento la posibilidad de saber quiénes eran.

Lo peor de todo esto era que conocer su identidad dependía exclusivamente de mí. Solo un análisis de ADN podía determinar si mis genes coincidían con algunos de los archivados en el Banco Nacional de Datos Genéticos, pero tomar aquel camino de la verdad implicaba también iniciar un juicio por la recuperación de mi identidad, en el cual corría el riesgo de encontrarme siendo la razón del encarcelamiento ya no solo de Raúl, sino también de Graciela. No estaba preparada para tanto, no tenía la fuerza ni el coraje necesarios. Al menos no de momento.

Para mí es esencial señalar lo importante que fue el apoyo de quienes me rodeaban, cada uno desde el lugar que le correspondía. Incluso Graciela, destruida por un mundo que se le venía abajo y que ella siempre se había negado a mirar de frente, fue perfectamente clara conmigo: sea lo que fuese que yo decidiera hacer, ella me apoyaría y estaría a mi lado, aun a riesgo de su propia libertad. Y, también desde su lugar, para mí resultó invaluable el apoyo de las chicas de la comisión Hermanos, Vero, María y Laura. Cada vez que estuve mal, cada momento en el que me dirigí a ellas para conversar, para sentirme acompañada o simplemente para estar en silencio, ellas me sostuvieron incondicionalmente, sin mencionar ningún tema que yo no quisiese mencionar, sin una sola vez insistir en que siguiese adelante con el proceso de recuperación de identidad. Aquel 3 de agosto del 2003, tras la doble reunión con el "Yuyo" y con Abuelas y Hermanos, no tenía ni tengo dudas de que se trató del peor día de mi vida. Quería morirme, desaparecer. Y como consecuencia inmediata de todo aquello, pasaron muchos meses en los que me encontré en una suerte de nebulosa, sin saber qué hacer ni a quién acudir, casi sobreviviendo el día a día por inercia y porque no podía tomar ninguna determinación, ni a favor ni en contra de nada. La peor de las consecuencias fue sin duda dejar de lado la actividad política. Me era imposible entregarme como antes, me costaba un mundo mirar a los ojos a quienes sabían por lo que estaba pasando, y por primera vez no encontraba satisfacción en ocuparme de las tareas de la militancia. Es cierto que siempre he afirmado que fue precisamente gracias a la militancia que conseguí sobreponerme, pero todavía aquel momento no había llegado. Y mientras llegaba, yo seguía sumergida en la nebulosa, incapaz de avanzar o retroceder, incapaz de moverme. Por primera vez en mi vida me vestía todo el tiempo de negro, como en un duelo permanente, y todos los colores de mi guardarropas quedaron sepultados por la realidad de mi presente durante varios meses. Lo máximo que conseguía hacer era salir de noche, intentando divertirme, haciendo de cuenta, aunque sea por un instante, aunque fuese a cubierto de las luces de los bares y discotecas, que todo seguía siendo normal, que la vida era como antes. Y Vicky estuvo durante todo aquel tiempo siempre a mi lado, encontrando incluso elementos positivos en todo lo que me sucedía.

—Pensá en el lado bueno de todo esto —me decía con una sonrisa que se pretendía natural—. Ahora tenemos otra cosa más en común. Las dos somos hijas de desaparecidos.

Ninguna de las dos sabíamos por entonces que no solo compartíamos eso, sino también nuestro nombre. Tiempo después, incluso me recriminaría entre risas, esta vez honestas y liberadas de un gran peso, que le hubiese robado la exclusividad de su nombre: "¿No podías buscarte uno para vos?".

Los días se siguieron unos a otros, al igual que las semanas y los meses. Ya habían pasado ocho desde el "peor día de mi vida", y las cosas, lejos de acomodarse, al menos habían recuperado un cierto cariz de continuidad. Raúl había salido del coma inducido en el que estuvo tres meses después de su intento de suicidio, y las conversaciones que tuve con él, sus explicaciones y mis comentarios, quedarán hasta el día de mi muerte entre él y yo. Él tendrá que responder ante la Justicia sobre su rol en las "patotas" de la ESMA y sobre mi apropiación. Pero a mí ya me ha respondido cada una de mis preguntas, y me ha dicho lo que creía que debía decirme. Lo único que puedo afirmar es que él también, a su manera y en sus términos, me dejó claro que me apoyaría siempre, fuera cual fuese mi decisión respecto de los análisis.

Y así, sin que me diese cuenta, sin que fuese capaz de mensurar el verdadero alcance de lo que sucedía a mi alrededor, llegó el 24 de marzo del 2004, y con él, la inauguración del esperado Museo de la Memoria. Yo llevaba años luchando por ese museo, y por situarlo en un espacio tan paradigmático como la ESMA. Y la gente que luchaba conmigo llevaba aun mucho más tiempo soñando con una reivindicación de ese calibre. Sin embargo, en ese día que debería haber sido uno de los más significativos de mi vida política, mi cabeza estaba en otra parte, e incluso sopesé la posibilidad de no ir. Fue Vicky la que me obligó, eligiendo cómo se vestiría en mi lugar y asegurándome que no se separaría ni un instante de mí. Con las chicas de Hermanos acordé que, si abrían el predio, entraríamos juntas, pero el resto del acto lo pasaría junto a mis compañeros.

Hacía no mucho tiempo, mientras hojeaba junto a Vero un libro con las fotografías de los desaparecidos en la sede de H.I.J.O.S., mi mirada se había detenido en una de las páginas. En ella se veía la foto de Hilda Pérez, y en esa foto, en esa mirada y esa boca, estaba yo. En el acto supe, o sentí, que se trataba de mi madre. Cuando se lo pregunté a Vero, con los ojos llenos de lágrimas, ella se negó a responderme. Una vez más, solo había una manera de saberlo: haciéndome los estudios de ADN.

En aquel acto habló Juan Cabandié, y su discurso pensando en su madre, pensando en los culpables de que no hubiera podido conocerla, haciendo referencia a quienes quisieron quitarle la vida, me hizo sentir por un instante que el esfuerzo que hacía para mantenerme entera no sería suficiente, que si relajaba un solo músculo, me derrumbaría para siempre. Hacía tan solo dos meses que había descubierto su verdadera identidad, y desde el Gobierno le habían propuesto participar del acto. Cuando terminó de hablar, una vez al pie del estrado, lo vi llorar conmovido algo alejado de la gente. Me acerqué a él por detrás, y poniendo una mano en su hombro le dije:

191

—Vos, por lo menos, sabés quiénes fueron tus papás. Yo ni siquiera eso.

Sabía que mi madre había entrado a la ESMA embarazada, sabía que muy probablemente yo había nacido dentro del Casino de Oficiales, igual que Juan, e incluso sospechaba fuertemente que la persona que me había tenido unos días en brazos era probablemente la misma que me había mirado desde su fotografía en la sede de H.I.J.O.S.

¿Cómo era posible que mi mamá se bancase la tortura, haber estado embarazada en un campo de concentración, ver cómo se llevaban a su hija, todo por aquello en lo que creía y por lo cual dio su propia vida, y que yo no fuera capaz de tomar la decisión de sacarme unas gotas de sangre? Tenía que entender que todo esto no se trataba de Raúl y Graciela, y ni siquiera se trataba de hacer justicia, o de juzgar a los responsables de la dictadura. Se trataba de mí, de mi identidad, de mi pasado y de mis posibilidades de un futuro. Supe que ya no podía seguir esperando. Era el momento de hacerme los análisis.

Existen dos lugares físicos donde las Abuelas de Plaza de Mayo han conservado la base de datos genéticos de los desaparecidos: uno queda en los Estados Unidos, en Texas, y el otro en el Hospital Durand. Junto con Roberto, que tras años de haber sido mi responsable y mi novio se había convertido en un amigo muy importante, fui dos días después de la inauguración del Museo de la Memoria a hacerme los análisis para que fuesen verificados en los Estados Unidos. En aquel momento creí que lo peor había pasado, que finalmente había dado el paso que tenía que dar. Desgraciadamente, ni siquiera las cosas difíciles son tan fáciles como parecen. Los resultados, simplemente, nunca llegaron.

Y los meses seguían pasando. Tras haber visto la foto de Cori en el libro, y cotejar que ella había estado secuestrada en la ESMA, embarazada, yo ya tenía casi la certeza de que se trataba de mi madre, y en consecuencia, me puse en contacto con la persona que había sido la principal interesada en la fallida investigación de "Telenoche Investiga": Lidia Vieyra, la chica que con apenas diecinueve años había ayudado a parir a mi mamá.

Poco a poco se fue generando a mi alrededor una suerte de "grupo de contención", formado en su núcleo duro por Vicky —la eterna Vicky—, Paula y María, de Hermanos, y Juan Cabandié. A ellos se agregó poco a poco Lidia, que cada vez que estaba a mi lado debía hacer un esfuerzo por controlarse.

Yo me sentía cada día más perdida, y los resultados seguían sin aparecer. Finalmente, harta de esperar, decidí hacerme también los análisis en el Hospital Durand. Alguno de los dos terminaría por arrojar resultados. Solo esperaba que así fuese antes de que me volviera definitivamente loca.

Los análisis del Durand los hice el 26 de junio del 2004, tres meses después de los primeros. Aquel día nos reunimos todos para ir juntos: además de los integrantes permanentes del grupo de contención, también estaba con nosotros Horacio Pietragalla, nieto recuperado. Estábamos en casa de Graciela Daleo, a quien no puedo evitar llamar "Vicky", a ella también. Durante sus años en Montoneros, ese había sido su nombre de guerra. Mientras estuvimos en la casa, Lidia no podía parar de mirarme, claramente más nerviosa y emocionada que yo, lo que en cierta forma me tranquilizaba.

—Yo no sé si vos sos la hija de Cori, ni lo puedo saber hasta que no esté el resultado de los análisis —me dijo en un momento, con los ojos a punto de estallar en llanto—. Pero lo que si sé es que la nenita que yo tuve en brazos tenía los mismos ojos que vos...

Cuando llegó el momento de irnos, me di cuenta de que me había olvidado los documentos. No lo podía creer, era como si una fuerza superior me jugase en contra:

—Chicos, lo siento, pero parece que Dios no quiere que me haga los análisis —dije a todos y a ninguno sin atreverme a levantar la vista, hurgando frenéticamente mi bolso—. No traje los documentos.

—¿No tenés otra cosa? ¿Una cédula de identidad? —preguntó una voz desde algún lado.

—Solo tengo el carné del Blockbuster...

No sabía si reír o llorar. De hecho, en ese momento no sabía estrictamente nada. Sobre nada.

Como si sucediese en una película, como si no fuese yo la que lo estaba viviendo, sentí que Vero y Vicky me subían a un taxi, llevándome hasta mi casa de Quilmes, muy lejos de allí. Como una autómata, entré en mi casa y le pedí a mi hermana que me alcanzara los documentos, me volví a subir al mismo taxi y fuimos hasta el Hospital Durand, adonde los demás ya habían ido por su lado.

Al fin estaba hecho. Ya solo quedaba esperar. Seguir esperando, más y más, seguir viviendo entre paréntesis. No sabía cuánto más podría soportarlo.

Entre el momento en el que hojeando el libro de los desaparecidos encontré la foto de Cori y el momento en el que tuve finalmente los resultados del análisis de ADN, y con ellos la confirmación de mi identidad, Lidia Vieyra no fue la única persona a la que contacté producto de la historia de los hermanos José María y Adolfo Donda. Si efectivamente Cori era mi mamá, si yo era Victoria, entonces yo tenía una hermana, que antes se llamaba Eva Daniela y ahora Daniela a secas, adoptada y criada por mi tío el militar.

La primera vez que la contacté, aceptó que nos encontráramos y me dio cita en un local de McDonald's en el centro. Al principio me costó encontrar los rasgos que buscaba en ella: si yo soy igual a mi mamá, Daniela tiene los ojos claros, el pelo más rubio y la tez más clara, herencia de la familia Donda. Por sus movimientos y su forma de vestir (por no mencionar el lugar que había elegido para el encuentro) supe en seguida que éramos dos personas muy diferentes: mis ropas llamativas contrastaban con su camisa blanca y su pantalón *tailleur*, sin mencionar algunas partes de su cuerpo ligeramente sospechosas. Sin embargo, su boca y su nariz eran inconfundibles. Iguales a las mías. Iguales a las de Cori.

—Mirá, quería decirte que no sé si soy tu hermana, pero hay muchas posibilidades de que tengamos los mismos padres —dije al fin, intentando romper el hielo.

—Vos podrás ser mi hermana o no, pero sabé que yo con mis padres no tengo nada que ver, y no les perdono que hayan elegido la delincuencia en lugar de criar a su hija —dijo, sin pestañear—. Yo, ahora que tengo un hijo, no puedo entender que me hayan abandonado.

En aquel momento, recuerdo que lo único que quería era que los resultados dieran otra cosa que la que esperaba. No era posible que aquella persona y yo fuésemos hermanas.

—Mirá, no sé si serán o no mis padres, pero yo, igual que ellos, también milito en una agrupación política, y reivindico lo que hicieron en su momento, como yo también lo haría en las mismas circunstancias. Así que no te preocupes. Por suerte, yo también soy una delincuente —agregué mientras me ponía de pie y me iba sin mirarla.

Todavía no había ganado nada, seguía sin saber quiénes eran mis padres, los resultados parecían no llegar nunca y, para colmo, sentía que había perdido a mi hermana incluso antes de llegar a conocerla. Daniela estaba bien adoctrinada. La larga y siniestra mano de Adolfo Donda Tigel había llegado hasta ella. No sería la última vez que Daniela y yo nos pondríamos en contacto. Pero el resentimiento y la diferencia de opiniones serían, a partir de allí, los eternos condicionantes de nuestra relación. Quizás algún día podamos construir algo entre ambas. Pero no de momento.

Los resultados de los análisis que me hice en el Hospital Durand estuvieron al fin el 8 de octubre del 2004. Los primeros, los de los Estados Unidos, los sigo esperando hasta el día de hoy. Según el Banco Nacional de Datos Genéticos, tengo un 99,99% de posibilidades de ser la hija de María Hilda Pérez y de José María Laureano Donda, la hija de Cori y el Cabo. Lo primero que hice fue llamar a Daniela para contárselo. No quería que se enterase por los medios.

—Está bien —me dijo del otro lado del teléfono—, pero por ahora no quiero verte.

Pasaron dos años desde que las chicas de Hermanos me habían contactado por primera vez, y más de un año desde que me dijeron que era hija de desaparecidos. Y aquel 8 de

octubre, con un 99,99% de seguridad, por fin podía afirmar-
lo, gritarlo a los cuatro vientos si eso era lo que quería. Y
quería decirlo:

Ahora sí, mi nombre es Victoria.

VIII. Lazos de sangre

"Estoy sentada en una silla frente a mi cama, sobre la cual llora desconsoladamente una minúscula beba, rubia. Llora porque está hambrienta, y mis amigos, a mi alrededor, me ruegan que le dé de comer, ya que si no lo hago se va a morir. Hace tres semanas que no come. Yo sostengo que no tengo por qué darle de comer, no quiero alimentarla a pesar de que me duelen los pechos de lo hinchados que están. Yo sé que esa beba no es mía, que yo me la apropié. Al verla bien, comprendo que es la hija de mi hermana, y que yo se la robé. Sin embargo, no quiero darle de comer."

Tengo pesadillas regularmente desde aquel tormentoso año 2003. Me despierto constantemente en medio de la noche y, cuando no lo hago, quienes han compartido mi cama me cuentan que grito, me revuelvo y hasta incluso a veces lloro. Al principio me sentía muy mal al respecto, obligándome a combatir los malos sueños, diciéndome que si lograba alejarlos podría estar finalmente en paz conmigo misma.

Pero las cosas no son tan fáciles, ni tan simples. Hoy vivo esas pesadillas y las noches inquietas simplemente como efectos colaterales, consecuencias inevitables de ver difuminadas para siempre en la vida cotidiana las líneas que separaban las dudas de las certezas. Incluso ahora, en aquellos de mis sueños que más frecuentemente suelen repetirse, consigo decirme a mí misma que se trata de un sueño, y a jugar el rol preasignado a mi personaje como quien ejecuta una rutina, como a sabiendas que, de todas formas, mi vida está en otra parte.

Mi vida. La mía, la de Victoria Donda, pero también la de Analía. Porque ambas son la misma. Ambas soy yo. Y pasar a ser Victoria no solo supuso inconcebibles trámites administrativos y una exposición pública que nunca hubiese imaginado: recuperar mi identidad fue también recuperar el pasado de mis padres, sus familias... sus lazos de sangre. Y por ende, los míos.

Sin lugar a dudas, Daniela había sido mi primer encuentro con alguien de "mi" familia, cuando todavía me resultaba difícil y doloroso pensar aquel pronombre posesivo sin comillas. No había sido fácil, y claramente no fue gratificante para ninguna de las dos. Desde que la llamé para contarle el resultado de los análisis y hasta el día de hoy, solo volvimos a entrar en contacto dos veces, aunque al menos debo reconocernos que innovamos cada vez: la primera fue por correo electrónico. Ya en el 2006, le escribí pidiéndole que por favor me mandase algunas cosas sobre mi papá, porque en Abuelas de Plaza de Mayo no tenían ni una foto. También mencioné la carta que supuestamente mi papá le había escrito a mi abuela Cuqui antes de que lo matasen, y que debía tener en su poder. Su respuesta fue lacónica: no quería que ninguna foto de su padre apareciese en un libro de derechos humanos.

El segundo de nuestros encuentros, esta vez en cuerpo presente pero no en una cita informal como la primera vez, fue una consecuencia directa del anterior. A las fotografías y los recuerdos que nunca quiso darme y a la carta apócrifa de mi papá, se sumó también el cobro de las indemnizaciones que otorga el Estado a los hijos de los desaparecidos. Aprovechando que para iniciar un reclamo de restitución por vía legal se necesita que haya dinero de por medio, inicié un proceso judicial a Daniela, a mi hermana, para poder tener en mi poder algo tan simple como unas pocas fotos de mi papá y para poder leer con mis propios ojos la carta, el último mensaje de mi papá a su familia más allá de las condiciones en las que haya sido escrito. Por supuesto, la base del proceso es el dinero de las indemnizaciones. Pero así funciona la Justicia, yo solo quiero poder algún día imaginarme tan bien a mi papá con vida como he llegado a imaginar a Cori, mi mamá.

Así, a pesar de todo lo color de rosa que a veces una quisiera que fuesen las cosas, mi primer contacto con la vida que se me había negado fue un rotundo fracaso. Es curioso, en algún punto, hasta dónde podemos llegar a ser diferentes con Daniela, lo intangible y casi inexistente que es aquello que nos une: los lazos de sangre. Clara, mi hermanita, o la hermanita de Analía, o como pueda cada uno definirla, será hoy y siempre mucho más mi hermana de lo que jamás Daniela llegará a serlo para mí, o yo para ella. No llegamos a conocernos antes de que nuestras vidas fuesen brutalmente modificadas, y sigo preguntándome cuál de las dos se llevó la peor parte. Pero de la misma manera que no me gusta considerarme una víctima, porque esa palabra me genera una sensación de fragilidad con la que no estoy dispuesta a comulgar, no puedo ni apiadarme ni ser en exceso comprensiva ante la persona en que (Eva) Daniela se ha convertido, ante la imagen que proyecta de nuestros padres, y ante lo que la diferencia de mí.

Y el caso es que aunque hiciese un esfuerzo por ahondar en nuestros puntos en común, por construir de alguna manera un vínculo aunque más no sea precario, entre nosotras existirá siempre el abismo marcado por la diferencia de criterios respecto del personaje más determinante de nuestra historia: Adolfo Donda. Para ella, supongo que siempre será como su padre. Para mí, siempre será el responsable de la muerte de los míos.

Si ya resultaba terriblemente doloroso para mí asumir mi nueva condición y redefinir las relaciones que hasta entonces había creído inmutables, aquel primer acercamiento a mi "familia de sangre" por intermedio de Daniela no fue precisamente un aliciente para continuar. Pero toda familia tiene dos ramas en su seno, y si mis primeros pasos en la familia Donda no habían sido precisamente halagüeños, todavía quedaba por descubrir a la familia Pérez, la familia de Cori.

Tras los resultados de los estudios, tuve un encuentro con un tío segundo, que me contó que la mayor parte de mi familia materna vivía en Canadá. Cori, mi madre, era la menor de cuatro hermanos: dos mujeres y un varón. La menor de ambas hermanas había sido la primera en partir hacia Toronto, empujada por cuestiones económicas y las consecuencias de las sucesivas crisis de la Argentina. La siguió su hermana mayor, huyendo de los fantasmas de su propia historia familiar, golpeada primero por la desaparición de su hermana embarazada y recibiendo el golpe de gracia de una separación tortuosa que le había costado perder a sus dos hijos, apropiados durante años por su ex marido. Si esta situación es de por sí insostenible para cualquiera, para alguien que ya había atravesado una pérdida traumática resultó prácticamente insoportable. Así, a principios de la década del ochenta, la segunda de las hermanas partía hacia Canadá con la esperanza de reconstruir lo poco de vida que le habían dejado. A las dos hermanas les siguieron los padres, mis abuelos, en 1986. Vencidos psicológicamente por años de búsqueda de su hija desaparecida y de su nieta nacida en cautiverio, fueron incapaces de soportar el acoso de mi tío Adolfo al salir de la cárcel gracias a las "leyes de impunidad". Poco después de recuperar su libertad, el ex jefe de Inteligencia de la ESMA inició un juicio por la tenencia de Daniela, apoyándose en la connivencia de ciertos jueces que aún recordaban con nostalgia los años de la dictadura y aprovechando los crecientes conflictos entre las dos abuelas respecto de la crianza de quien entonces todavía se llamaba Eva. Tras ganar el juicio y conseguir cambiar el nombre de mi hermana, las constantes amenazas y presiones a las que mis abuelos se veían sometidos se volvieron cada vez más fuertes y, derrotados, decidieron reunirse con sus hijas en Toronto. El último en llegar fue mi tío, el único hijo varón, finalmente también vencido por la forma en la que su país lo había tratado a lo largo de su vida.

En los primeros momentos de mi vida como Victoria, no tenía ni la fuerza ni la voluntad de abrirme a toda una nueva familia, más aún cuando ni siquiera había comenzado a lidiar con las nuevas categorías que a partir de entonces definirían a mi familia anterior. Por supuesto, tuve una primera conversación telefónica con mi abuela Leontina, y de tanto en tanto cruzaba correos electrónicos con Inés, una de mis tías. Pero al igual que me lo había hecho notar Daniela en nuestro encuentro, yo tampoco me sentía todavía preparada para conocerlos, sobre todo teniendo en cuenta que nos separaban no solo veintisiete años de vidas paralelas, sino también casi quince mil kilómetros de distancia.

Me sentía cada día más incapaz de hacer frente a las contradicciones que me habitaban. No sé si dividir toda aquella situación en etapas y momentos es la forma más acertada de describirme, pero lo cierto es que yo necesitaba compartimentar las cosas para poder hacerles frente. Todo junto, como una misma gran entidad, hubiera sido sencillamente imposible. Así, en un primer momento se trató de asumir mi nueva realidad, de reposicionarme en el universo independientemente de las personas y las relaciones. Se trataba de asumir lo que implicaba llamarme Victoria Donda, y a la vez ser Victoria requería encontrar un lugar para Analía, luchar para no hacerla desaparecer bajo el argumento de toda una vida construida en la mentira. Era mucho más lo que debía conservar en un registro de realidad que lo que debía descartar, y esto incluye, por supuesto, a mi familia, la que seguía sin necesitar de ningún entrecomillado para ser evocada. No solo Graciela y Raúl, o Clara, sino también tíos, abuelos, primos... Aceptar y reconocer públicamente mi cariño por todos ellos no implica que, para ser políticamente correcta, los separe definitivamente del concepto de lazos familiares. El proceso que tuve que vivir fue, por el contrario, ampliar el alcance del término "familia", incorporar la diferencia entre la herencia y la crianza sin teñirla de juicios de valor cuyo lugar se encontraba en otra parte. Si hubo algo particularmente complejo o doloroso fue construir espacios de identificación con quienes solo me unían lazos de sangre, antes que reafirmar mi amor y mi cariño por aquellos a quienes siempre había querido.

Cuando un nieto recuperado es identificado, y una vez que su verdadera identidad es confirmada por los análisis de ADN, las Abuelas le entregan una suerte de libro donde se le cuenta la vida de sus padres, una recopilación de entrevistas desgrabadas con quienes los conocieron, familiares, amigos y compañeros de militancia. A través de las páginas del que me dieron a mí pude conocer el carácter de Cori, la pareja dispareja pero incuestionable que formaba con el Cabo, y pude ver en ellos y en lo que motivaba la vida que habían elegido la misma llama que me animaba a mí, la misma convicción sobre lo que es justo y sobre el derecho de exigirlo.

Ya durante los peores momentos del 2003 y 2004 mi militancia política me había servido como sustento, como aquello que seguía siendo verdadero mientras todo lo demás se derrumbaba no como un castillo de naipes, sino como un pesado bloque de mentiras. Durante todo ese tiempo me costaba muchísimo asumir quién era, darles un valor a las cosas que hasta entonces habían sido importantes. Pero mi actividad política surgía de una convicción personal, de una ideología que asumía plenamente, sin contar con que era una de las pocas cosas que no estaban ligadas a mi educación y mi crianza. Mis convicciones fueron uno de mis bastones más importantes, no tanto por ese carácter de verdad con el que suelen teñirse las ideas sino por el hecho de ser mías, por ser independientes del entorno en el que Analía se había "hecho" y ser a la vez una de las cosas que más ampliamente me definían como persona.

Y al hojear aquellos fragmentos de las vidas de mis padres, una vez más fueron las convicciones políticas lo que me acercaba a ellos. Las anécdotas sobre el carácter de Cori, su forma de tratar a la gente y su obstinación a combatir todo lo que intentasen imponerle me abrían una nueva puerta desde la que acceder a mi propio carácter y forma de actuar. Y la firmeza militante y la seriedad del Cabo, el respeto con el que quienes lo habían conocido hablaban de él en las entrevistas, me producían un orgullo que era casi un volver a vivir: de pronto, me encontraba en las antípodas de cómo me había sentido dos años atrás, al ver el nombre de Raúl en la lista de acusados por los crímenes cometidos durante la dictadura.

Así, de momento, lo único de lo que me sentía capaz en aras de conservar mi salud mental era intentar saber cómo habían sido mis padres, qué tipo de personas, qué tipo de militantes... si ya es de por sí difícil aceptar que quienes creía que eran mis padres no lo eran en realidad, todo se complicaba aun más al tener que apropiarme de dos personas que no eran más que un recuerdo, de las cuales no existe ni siquiera una tumba frente a la cual postrarse o, en el caso de mi papá, ni siquiera una foto a la que acudir en los abundantes momentos de duda.

Pero como ya se iba haciendo costumbre para mí, en las ocasiones en que intentaba mantenerme a distancia de todo lo nuevo que me sucedía para abordarlo con mis propios tiempos, una nueva información vino a hacer tambalear la estructura tan frágil que intentaba construirme: la enfermedad de mi abuela Leontina.

En el espacio de unos pocos meses, la muerte se había
instalado en mi vida como un elemento imposible de ignorar: mis verdaderos padres, como ya he mencionado, aparecieron en mi vida solo para difuminarse en ese mismo acto:
no solo estaban muertos, sino desaparecidos; desconocía
cómo habían vivido sus últimos días, cómo habían muerto.
Lo único que tenía de ellos eran las páginas, que me parecían
cada vez más escasas, contando anécdotas parciales y fragmentadas de su vida. Pero ellos no eran los únicos. Raúl había rozado la muerte también, y en ese mismo movimiento
su nombre y su persona habían quedado ligados a otros
muertos, a aquellos que en su momento habían pasado por
la ESMA y caído en sus manos. Y en cuanto a muertes simbólicas, Graciela se llevaba sin dudas el primer premio: toda
su vida se había desmoronado, matándola por dentro, arrancándola de un sueño que, a pesar de nunca haberse convertido en realidad, era todo lo que tenía. Pero no eran los únicos,
los muertos seguían brotando a mi alrededor como malas
hierbas, y yo me encontraba incapaz tanto de controlarlos
como de controlar las reacciones que sus muertes me provocaban. Así, incorporar la existencia de mis padres fue también incorporar la historia de mis abuelos, tanto en la familia Pérez como en la familia Donda.

Mis abuelos paternos, Cuqui y Telmo, habían muerto
ambos mucho antes de que yo apareciese, y habían dejado
este mundo sin haber podido conocer a su otra nieta, la hermana de Daniela nacida en cautiverio. No puedo evitar pre

guntarme qué sentían respecto del destino de sus hijos. De Telmo sé que no perdonaba a su hijo mayor la responsabilidad que le atribuía en la desaparición de mi padre, y de Cuqui asumo que vivió con resignación de madre la dramática historia que había azotado a su familia. La tristeza y la desilusión son poderosas enfermedades, y ambos fueron roídos por ellas hasta que sus cuerpos y almas dijeron basta. Quisiera que exista un Dios, que exista un Paraíso desde donde ellos puedan abrazarse y sonreír sabiendo que, a pesar de todos los intentos de aquellos que fueron responsables de mi desaparición, su nieta había finalmente aparecido.

Por el lado de mi madre, mi abuelo Armando, que nunca se había recuperado del desenlace de la vida de su hija preferida, terminó por entregarse a la muerte apenas dos meses antes de que yo recuperase mi identidad. Con él moría no solo el patriarca de la familia, sino quien había sido toda la vida un modelo para Cori, aquel que le enseñó las responsabilidades de la militancia, incluso si al final llegaron a oponerse ideológicamente frente a la lucha armada y la resistencia a la dictadura. Armando también era el fundador de una tradición familiar que se continúa en mí: el boxeo. Cori, mi tío y yo continuamos aquella tradición, aunque para cuando yo comencé con ella ni siquiera sabía que mi abuelo lo había enseñado en sus años mozos. Ni siquiera sabía que tenía un abuelo boxeador.

Entonces, de los cuatro abuelos, paternos y maternos, de aquellos que habían sufrido más que nadie por la pérdida de sus hijos y que los habían buscado incansablemente a pesar de las presiones externas e internas de la familia, tan solo quedaba Leontina, la abanderada, una de las doce fundadoras de Abuelas de Plaza de Mayo y probablemente la que nunca, a pesar de haber sufrido dolorosas derrotas como la pérdida de Daniela, jamás bajó los brazos ni dejó de creer que algún día llegaría a conocerme. Habíamos hablado una vez por teléfono, y ocasionalmente recibía sus noticias por los correos electrónicos de mi tía Inés, pero de momento yo no tenía la intención de ir más allá. Demasiados duelos, demasiados cambios, demasiados trámites. Entre las pocas cosas de las que estaba segura en aquel momento, se hallaba la certeza de no poder contar con la capacidad emocional de conocer a quienes me buscaban desde hacía casi treinta años, de escuchar sus comparaciones e historias, y de sentir en ellos el odio hacia quienes habían sido mis padres hasta hacía poco tiempo y a quienes, a pesar de mucha gente, incluso de mí misma, seguía queriendo como tales. Después de todo, me decía, mis padres estaban muertos. ¿Por qué hacer entonces el esfuerzo de conocer a alguien que ya no está?

No caben dudas de que el mes de marzo es un mes determinante en la historia de la Argentina, así como también lo es para todos aquellos que, indirecta o directamente, sufrieron las consecuencias de la dictadura. Y fue entonces en el mes de marzo del 2005, mientras yo trabajaba a las órdenes de Alicia Kirchner en el Ministerio de Desarrollo Social, cuando recibí el primero de los dos golpes que me harían cambiar de opinión respecto de mi nueva familia. Quizá pueda parecer intrascendente, pero en aquellos momentos nada relacionado con mis padres era intrascendente para mí: el 24 de marzo, movida por una nueva conmemoración del golpe de Estado de 1976, mi tía me escribió un correo electrónico al que agregó una foto escaneada de Cori. Hasta entonces yo solo había visto la foto del libro de Abuelas, que a pesar de su baja calidad y de las circunstancias en las que fue tomada (por la misma policía que luego la tendría secuestrada en la comisaría de Castelar), me había permitido reconocerme automáticamente en ella y anticipar que, si era cierto que mis padres eran desaparecidos, lo era tanto como que aquella mujer que miraba a la cámara con una media sonrisa disimulada era mi madre. Pero esta segunda foto era flagrante, casi como si se tratase de una foto mía en una fiesta de disfraces de los años setenta. La nariz, la frente, la boca... en cada rasgo de Cori me encontraba yo, y me resultaba imposible sostener la mirada de aquel conjunto de píxeles que me observaba maternalmente desde mi pantalla. Esa foto me recordaba lo poco que sabía de mis padres, y el solo hecho de saber que Daniela tenía todo el material sobre ellos al que yo no tenía acceso, sin por ello dejar de afirmar que no les perdonaba sus actos, me hacía las cosas aun más difíciles e insoportables.

Es cierto que por aquel entonces tenía la sensibilidad a flor de piel, y que expresarla me costaba mucho menos que contenerla, pero al encontrarme frente a mi mamá no pude evitar llorar por ella, por su destino, por mí y por todas las consecuencias de las que era capaz la inmunda dictadura. Mientras yo lloraba desconsoladamente, encerrada en el minúsculo baño del despacho, una voz de hombre me preguntó si estaba bien desde el otro lado de la puerta. Era el "gallego" Adrián Jaime, el marido de una compañera de militancia y conocido mío desde hacía más de diez años. Entre lágrimas, le mostré la foto de mi mamá. Hubiera querido poder decir muchas cosas, ser capaz de expresar todo lo que sacudía mi cuerpo y mi espíritu en aquel momento, pero todo lo que fui capaz de balbucear fue: "¿No es hermosa mi mamá?". En ese instante comenzó a forjarse un proyecto que me llevaría finalmente a conocer a mi familia, pero todavía se encontraba en estado embrionario. Faltaba el segundo golpe. El más duro de todos.

No tardó mucho en llegar, apenas unos días de diferencia. A finales del mismo mes de marzo recibí un segundo correo electrónico de Inés, esta vez con apenas dos escuetas líneas, en las que me anunciaba los resultados de la última visita médica de Leontina: mi abuela, luchadora incansable y última sobreviviente de los cuatro padres que se unieron para buscar a sus hijos e intentar criar a su nieta Daniela, acababa de ser diagnosticada con Alzheimer. La ironía del destino quería que aquella que llevaba treinta años luchando contra el olvido fuese víctima de una enfermedad que le haría perder noción de todo cuanto había vivido, incluso de sí misma. Era difícil no pensar que un manto de piedad cubriría los últimos años de vida de aquella mujer, borrando de su mente los inmensos traumas que había atravesado a lo largo de su vida. Pero a la vez, era como si le arrebatasen el sentido mismo de su existencia, el recuerdo por el que vivía desde que, años atrás, la habían separado para siempre de su hija.

Y mis planes, si es que alguna vez los había tenido, se derrumbaban frente a la incuestionable realidad. Apenas meses después de la muerte de mi abuelo Armando, quien no había vivido para ver la recuperación de su nieta, y con mis abuelos Cuqui y Telmo muertos años atrás, perder la memoria de Leontina era para mí perder el último espacio en el que encontrarme con el recuerdo de mi madre. Por aquel entonces yo me encontraba en medio de los interminables trámites de cambio de identidad, por lo que la sola idea de viajar a Canadá para conocer a mi abuela antes de que fuese demasiado tarde me parecía tan imposible como una cena navideña en casa de la familia Donda. Quien se me apareció aquella vez no fue el "gallego", sino un personaje crucial en mi vida política reciente, responsable de mi partido y quien estoy convencida de que es lo más parecido a lo que sería hoy mi padre de no haber sido asesinado: el Beto Baigorria. Como ya he comentado antes, intentar reconstruir la figura y el carácter de mi papá ha sido mucho más difícil que hacerlo con mi madre, por cuanto la mayor parte de sus objetos personales y fotografías están en poder de mi hermana, y no tengo acceso a ellos. Entonces, la imagen idealizada que he construido sobre él se asienta en diferentes características de algunas de las personas que me rodean y por las que profeso una gran admiración. Sin dudas, una de esas personas es el Beto Baigorria.

Cuando el Beto se enteró de lo que estaba pasando, no dudó ni un segundo en intervenir:

—Vos no te preocupes, Vicky —me dijo, y todavía por aquel entonces "Vicky" sonaba tan extraño a mis oídos como a los de quienes poco a poco se acostumbraban a llamarme así—. Voy a hablar con Alicia, y vamos a tratar de que el Ministerio te costee el viaje a Canadá para conocer a tu abuelita —su pesada mano estaba apoyada en mi hombro, reafirmando la figura paterna que yo proyectaba en él.

—Pero no tengo pasaporte, Beto —dije resignada, mirando al piso e incapaz de encontrar otra cosa que problemas e imposibilidades—. Ni siquiera tengo un documento a mi nombre.

—De eso me encargo yo, vos andá pensando qué vas a llevar en la valija —afirmó convencido.

Y lo consiguió. Como quien realiza un acto tan simple como comprar el pan, como atarse los cordones de los zapatos. Mientras yo era incapaz de pensar, de actuar o de lo que fuese, Alicia Kirchner, el Beto Baigorria y muchos otros se movilizaron para que pudiese conocer a mi familia antes de que a mi abuela se la llevaran las brumas de la enfermedad. Nunca terminaré de agradecérselos.

Pero junto con los trámites administrativos se movilizaban otras cosas, y terminaba también de tomar forma el proyecto que el "gallego" Jaime comenzó a pergeñar el día en que, completamente descompuesta, le mostré la foto de Cori: yo no viajaría sola a Canadá, el "gallego" vendría conmigo. En ese momento nacía *Victoria*, el documental en el que se retrataría el proceso de conocer a mis padres, de reapropiarme de una identidad que me fue robada cuando yo todavía no tenía conciencia de mí misma, de aprehenderme como parte de otra familia, con la cual me unían verdaderos lazos de sangre. Ese documental fue una experiencia muy fuerte y desestabilizadora, y en él llegamos mucho más lejos de lo que yo hubiera imaginado en un principio. Tan lejos, que en el camino no pudimos sino molestar a ciertas personas, que no aprecian que se remueva un pasado que los incumbe y los señala como culpables. Los enormes problemas que debimos sortear para la realización del documental no solo fueron espirituales y materiales, sino también políticos. Y detrás de estos últimos, se encontraba la sombra de siempre, capaz de ejercer todo el poder de su violencia incluso desde donde se encontraba recluido: una vez más, tendría que enfrentarme con Adolfo Donda Tigel.

Toronto es sin duda y ante todo una ciudad muy diferente de lo que había visto hasta aquel momento. Claro que también es cierto que hasta aquel momento no había visto gran cosa. Había leído, visto y escuchado más de una vez las historias de barrios chinos, italianos o africanos en las grandes ciudades, pero en el caso de Toronto me parecía que se habían excedido en el estereotipo: pasar de un barrio a otro era como ir atravesando dimensiones, cada una con su población única, sin jamás mezclarse entre ellas o con lo que fuere. Incluso nos sucedió una tarde que, caminando por el barrio africano, no nos dejaron entrar a tomar dos cervezas a un bar porque el "gallego", que será muchas cosas pero moreno no es, no tenía el porte que se requería para ser admitido. Tuve que entrar yo, que también seré muchas cosas pero sueca no soy, y comprar las dos cervezas, que terminamos tomándonos en la calle. El "gallego" me seguía a todas partes, y a pesar de la incomodidad que me provocaba al principio pensar en una cámara que grabase mis conversaciones, poco a poco esa cámara se fue haciendo más pequeña hasta desaparecer, o más bien hasta amalgamarse con todos los otros objetos y situaciones que me rodeaban. La visita se fue sucediendo con naturalidad, entre conversaciones y recuerdos que siempre giraban alrededor de mi madre. A lo largo de aquellos días fue develándose ante mí una Cori humana, abordable y en la cual me era fácil reconocerme. Gastaba con la mirada y el tacto todas las cartas, fotos y objetos que me mostraban, aunque en ellos estuviese más presente la nena que ella también había sido que la madre que nunca la dejaron ser. Gracias a aquel viaje a Toronto, y gracias al proyecto del "gallego" sobre el documental, he podido construir una imagen de mis padres que considero lo suficientemente fiel a la realidad que fue su vida y su tiempo. Cada vez más podía sentir que mis padres eran míos, que sus convicciones y lucha política me reafirmaban en mi propio camino, y que si me habían impedido quererlos mientras vivían, nadie podía impedirme admirarlos ahora que estaban desaparecidos.

Pero no todo fueron rosas en aquel viaje, y no siempre la gente, y me incluyo, es lo que una espera de ellos. No sé qué esperarían ellos de mí, qué detalles de su hija y hermana esperaban encontrar, pero supongo que no se habrán sentido del todo satisfechos en algún punto, puesto que yo no soy Cori. Ni siquiera fui criada por ella, evitando por una vez los porqués. Y a la inversa es el mismo proceso: Leontina llevaba casi treinta años codo a codo luchando con las Abuelas de Plaza de Mayo, oponiéndose a la dictadura cuando nadie lo hacía, guardando las esperanzas cuando todos parecían haberlas perdido... pero eso no otorga a mi abuela una ideología política definida, o al menos acorde con la mía. Ella lo que quería, aquello por lo que luchaba, era que le devolvieran a su hija y a su nieta, no por la liberación de los pueblos oprimidos. Al menos no en primer lugar. Pero esto es algo que puedo afirmar ahora, tras haber pasado por allí. Al principio de aquel viaje, sin embargo, lo que más quería era poder contarle a mi abuelita que yo también luchaba por lo mismo que su hija, que nos unía una ideología política y una convicción militante. Y Leontina, mi abuelita, cansada de años y años de batallas perdidas y habiendo caminado tantas veces por la Plaza de Mayo que lleva las suelas gastadas incluso cuando sus zapatos son nuevos, alzó la mirada y los brazos al aire, medio en broma, medio en serio, como solo los viejos saben hacerlo, y exclamó interpelando a Dios:

—¿Por qué, Señor? ¡Nos tocó otra zurdita en la familia!

Creo que es demasiado pronto para sacar conclusiones respecto de lo que sentí por mi familia materna, la familia de Cori, en aquel primer y hasta ahora único encuentro. Detrás de los integrantes de cualquier familia hay personas, y detrás de aquellas personas hay historias de vida, traumas, alegrías y sufrimiento que forjan personalidades a lo largo de los años. Supongo que ni entre mis tíos y mi abuela ni en mí misma existía una verdadera voluntad de acercarse al otro, de conocer realmente a las personas que estaban detrás de aquello que representábamos en tanto familia. Todos quisimos, de una forma u otra, encontrar a Cori, o lo que queríamos de ella, en quien teníamos enfrente. Espero y supongo que con el tiempo cada uno podrá hallar su lugar en esta nueva relación que se nos presenta, pero reconozco que el paso que estaba dispuesta a dar ya lo he dado, y de momento, creo, ha sido suficiente para todos. De aquel viaje a Canadá volví con una carga simbólica muy grande sobre mis espaldas, aunque en cierto sentido aliviada por sentir que me había acercado un poco a la esquiva figura de mi madre. Quien sí se encontraba plenamente satisfecho por lo sucedido en Toronto y ya planeaba cómo continuaría nuestro periplo era el "gallego", en cuya cabeza el documental comenzaba a tomar forma.

Mi familia materna no fue la única que visitamos durante la realización del documental: viajamos también a Entre Ríos, donde conocí a algunos primos de mi papá que me hicieron matizar un poco la imagen que me había construido de la familia Donda. También acudimos a una cena de reencuentro de ex alumnos del Liceo Naval de la generación de mi papá, quienes durante unas horas me arrancaron cientos de sonrisas con las anécdotas de militancia secundaria del Cabo, imprimiéndole un aura de misterio y seriedad que terminó de forjar una imagen de él que lamentablemente sigue siendo incompleta debido a la negativa de Daniela de permitirme acceder a sus recuerdos. Con algunos de sus compañeros más comprometidos y emocionados con la idea de ayudarme a conocer a mi padre tuve un segundo encuentro, que solo aparece reflejado a medias en el documental. Se trató de la visita a las instalaciones del antiguo Liceo Naval, ahora convertido en prisión militar, y donde se encuentra, ironías del destino, encerrado mi tío Adolfo Donda. Fue en un momento de aquella visita, entre anécdotas sobre cómo sostenía el cigarrillo mi padre cuando fumaba en las guardias, que me apareció con total nitidez la certeza de que no terminaría de conocer a mis padres o su destino si no conseguía hablar frente a frente con mi tío, quizás el único, tras la muerte de Febrés, capaz de decirme cómo pasaron mis padres sus últimos meses de vida. La anécdota de aquel encuentro fallido ya ha sido contada, al igual que la negativa de "Palito" de verme a causa de que su hermano nunca me había reconocido como su hija, y que por ende yo no formaba parte de la familia. Pero lo que aún no fue reseñado fueron las consecuencias de aquel día.

Nunca me quedará claro si lo que sucedió respondía puntualmente a la realización del documental. No deja de ser sin embargo probable, ya que supongo que Adolfo Donda no había quedado muy conforme con la emisión de "Telenoche Investiga" donde se narraba su historia y la de su hermano, y donde él había quedado expuesto y en ridículo en una cámara oculta que le habían realizado para la ocasión. Calculo entonces que, tras haber intentado contactarlo, Adolfo terminó averiguando sobre el documental que el "galle-go" estaba realizando sobre mi historia, y en esa actitud tan castrense de disparar primero y preguntar después, intentó mover todos sus recursos desde la prisión en donde se encontraba para impedir que, una vez más, mi historia y su implicación en ella salieran a la luz pública. E independientemente de lo patético de sus actos, no deja de ser relevante hasta qué punto las mismas mafias y "patotas" que operaron con impunidad durante la dictadura son capaces de manifestarse y seguir haciendo daño en plena democracia, e incluso si sus miembros se encuentran en la cárcel. Porque cuando Adolfo Donda decidió que no quería que su historia volviese a ser expuesta, no tuvo ninguna dificultad en dirigir los pasos que nos llevarían a desistir de realizar el documental. Por supuesto que no lo logró, y que el documental fue estrenado el 24 de marzo del 2007 en una nueva conmemoración del golpe de Estado, frente al ahora Museo de la Memoria de la ESMA. Sin embargo, antes de llegar hasta allí tuvimos que sufrir amenazas, tanto en nuestras casas como en sedes institucionales como las de Abuelas de Plaza de Mayo, intervenciones telefónicas e incluso, lo que no deja ser irónico vistos los métodos que venían siendo utilizados, una carta documento firmada por Adolfo Donda en persona exigiendo que el documental nunca se hiciese público.

Un día, un grupo de desconocidos entró armas en mano a la productora del "gallego" y se robó todo lo que pudieron encontrar, dejando maniatados a quienes tuvieron la mala suerte de encontrarse allí en aquel momento. Las sedes de Abuelas y de H.I.J.O.S. no solo recibieron cartas documento, sino también amenazas para frenar el proyecto. Incluso encontré, en mi propia casa, una nota para que me callase la boca, que como en un siniestro túnel del tiempo estaba firmada por la Triple A, y acompañada de un coqueto moñito hecho con un listón azul. Minutos después de que llamase a la sede de Abuelas para coordinar cómo nos defenderíamos ante las amenazas, mi teléfono sonó. Cuando respondí, desde el otro lado de la línea escuché cómo se reproducía una grabación de la conversación que acababa de tener con Estela de Carlotto.

Pero a pesar de las amenazas, de las dificultades y de los contratiempos, el documental *Victoria* fue finalmente estrenado, y por más banal que pueda parecer, para mí significó un pequeño triunfo frente a los mismos que, escudados en la impunidad y las sombras, siguen creyendo que la violencia y la ilegalidad los hacen invencibles.

Las anécdotas durante la realización del documental son incontables, y muchas de ellas se ven reflejadas en la cadencia del mismo, en los momentos donde mi historia es puesta al desnudo, y con ella, la historia de un país que aún tiene problemas en reconocer y aceptar su pasado. No es mi intención convertir esto en un anecdotario, pero sí quisiera recordar otro momento de la filmación, altamente ilustrativo de la maraña de sentimientos constantemente sacudidos por las olas del recuerdo: sucedió durante el encuentro con Lidia Vieyra, con quien recorrí de la mano por primera vez los pasillos del Casino de Oficiales de la ESMA, mientras ella me mostraba los lugares que había compartido con mi madre durante el tiempo que duró su cautiverio. Recuerdo los escalofríos y el torrente incontenible de lágrimas que me invadió cuando, señalándome una habitación que no tenía más de dos metros cuadrados de superficie, me contó que aquella era la famosa "Sardá" de la ESMA, donde yo había nacido, donde Cori había decidido que me llamaría Victoria y donde, en su inocencia y desesperación, creyó que unos hilitos azules cosidos en mis orejas me permitirían acceder a una vida que parecía habérseme negado. Cuando, incapaz de pasar un segundo más en aquel lugar de muerte y destrucción, pedí que apagaran las cámaras y nos fuéramos de allí para siempre, Lidia me agarró del brazo con fuerza y, con los ojos llenos de lágrimas me dijo al oído: "Esta vez nadie va a poder impedir que salgamos juntas de aquí".

Y así fue como, a los tumbos, con idas y vueltas y aún con un largísimo camino por recorrer, fui reconstruyendo poco a poco no solo las figuras de Cori y el Cabo, de mi mamá y mi papá, sino también aquellos lazos de sangre que habían permanecido ocultos en mi vida durante veintisiete años. El proceso es tan doloroso como largo, y su mayor desafío no radica en aprehender la verdad, sino en descubrir una nueva forma de querer a los demás, de apropiarse de los puntos en común que unen a toda familia para integrarlos en esta, mi nueva vida. En mí quedará para siempre establecida una división difusa y difícil de comprender entre la idea de familia, determinada por los famosos lazos de sangre, y esa otra familia, la que siempre consideré como tal y que ni siquiera mi historia ha conseguido minar mis sentimientos hacia ellos. Los niveles de responsabilidad y culpa les corresponde a cada uno analizarlos, y soy perfectamente consciente de las dificultades que puede tener alguien externo a mi vida para asimilar y comprender la relación que mantengo con ellos.

Nadie está exento de sentir, y nadie puede justificar lo que siente tan solo por la razón o la lógica implacable de sus sentimientos. Y es por eso que, a pesar de todo, de las mentiras y las verdades recuperadas, de los crímenes y complicidades, de los roles que cada uno haya jugado a lo largo de su vida, mi familia sigue siendo mía, y no se define simplemente por sus lazos de sangre. Clara será mi hermana aunque los análisis de sangre lo nieguen, y mi relación con ella será siempre más fraternal que la que jamás podré establecer con Daniela, a quien lo único que me une son nuestros genes.

Clara atraviesa hoy a su vez por una situación sumamente difícil, y le corresponderá a ella, como me correspondió a mí, manejar sus propios tiempos con respecto a su familia de sangre y a su vínculo con quienes creía que eran sus padres. Comprendo su dolor como solo puede comprenderlo quien ha pasado por ahí. Es aquí donde los lazos se reafirman, donde ningún análisis puede destruir relaciones cultivadas durante años de compartir una vida.

Clara sabe que siempre podrá contar conmigo. Que siempre podrá contar con su hermana mayor.

IX. Público y privado

La cola aquel día en el Registro Nacional de las Personas de la calle Azopardo parecía extenderse hasta el infinito. Yo mitigaba aquella espera escuchando, o más bien oyendo música, sabiéndome incapaz de concentrarme en cualquier lectura, aunque más no fuese la del diario de la mañana. Tras meses de trámites interminables y procesos judiciales que ponen flagrantemente en evidencia qué es lo que se quiere significar cuando se habla de la lentitud de la Justicia, al fin había tomado la decisión de tramitar el cambio de documento, armada con mi flamante partida de nacimiento en la que constaba mi nuevo nombre, al que todavía me costaba acostumbrarme. Tras una espera que seguramente se me hizo más larga de lo que fue, al fin me encontré frente a una de las ventanillas de la recepción, donde una mujer de mediana edad y excesivamente maquillada intentaba infructuosamente comprender qué era lo que yo le estaba pidiendo.

—¿Pero vos naciste en la Argentina o sos extranjera? —me preguntó sin mirarme, escudada detrás de sus gigantescas uñas pintadas de rojo carmesí. Llevaba el pelo negro lacio y largo, atado con una cola de caballo que permitía apreciar la agresión estética de su maquillaje.

—En la Argentina. Soy argentina —respondí, decidida a no dar mayores explicaciones. Y como cada vez que queremos evitarnos hablar de más, ella insistía en acribillarme con sus preguntas.

—¿Y por qué nunca tuviste documento de identidad?

Llevaba meses explicando a amigos, conocidos, representantes del Estado y otros mi situación, acostumbrándome poco a poco a que me llamasen Victoria, y estaba cansada. Cansada de sentir que me justificaba todo el tiempo, cansada de sentirme una marciana, no estaba dispuesta a enfrentar la ausencia de pensamiento lateral de la empleada de la administración pública que me había tocado en suerte.

—Por favor —dije con una rabia que creía contenida pero que era claramente transparente—, lo único que usted tiene que hacer es acatar la orden judicial y darme un documento. El resto no es importante.

—Sí, sí —dijo, como comprendiendo, aunque sin dirigirme nunca una mirada—. Esperá un segundo…

La mujer desapareció tras una puerta, y cinco minutos después reapareció acompañada por otra, algo más vieja y usada que ella. Supuse entonces que se trataba de alguien de un rango superior, por lo que repetí mi discurso determinada a no dar explicaciones que no fuesen necesarias. Sin embargo, la conversación no fue en nada diferente de la anterior, y definitivamente aquellas mujeres no moverían un dedo hasta no comprender con todo lujo de detalles quién era yo. Cuando una tercera mujer, aun más vieja y usada que las dos anteriores, comenzó a hacerme las mismas preguntas, no pude soportarlo más y estallé.

Siempre me había definido como una mujer bastante dura, tanto en la militancia como en mi vida personal. Las lágrimas siempre me habían parecido un signo de debilidad, y jamás lloraba en público. Pero eran tantas las cosas que habían sucedido en los últimos tiempos, era tal la violencia de los cambios en mi vida, que en menos de un año llevaba llorado más que en todos mis años anteriores de vida. Y frente a mi llanto de frustración y cansancio, aquellas tres mujeres hicieron lo que toda empleada de la administración frente a un problema insoluble: llamar a su superior, en especial si éste es hombre.

Más tranquila, sentada en una silla del despacho del director del Registro Nacional de las personas, intenté volver a explicar lo que necesitaba, aunque esta vez resignada a dar más explicaciones de las que hubiera deseado. Frente a mí, el director había colocado una tableta de chocolate Toblerone y un vaso de agua, con la secreta esperanza de calmar mis encendidos ánimos. Finalmente, harto de enfrentarse a un problema que escapaba a su comprensión y teniendo que dialogar con aquella chica decidida a no colaborar aclarando sus dudas, firmó la autorización para que se me otorgase un número de documento vacante, y no correlativo a mi fecha de nacimiento. Así, habiendo nacido según la partida en 1979, mi número de documento comienza con dieciocho millones, como si tuviese alrededor de cuarenta años. Cuando por fin, horas después de haber llegado al Registro, me dirigí a la puerta de salida con mi nuevo documento en la mano y los ojos y el rostro hinchados y enrojecidos por el llanto, pude distinguir entre quienes esperaban a un muchacho de mi edad que contenía las lágrimas a duras penas, con la misma expresión de frustración en el rostro que la mía. Cuando lo reconocí, nos abrazamos como dos personas que se encuentran en un desierto de desesperanza: se trataba de Pablo Moyano, nieto restituido por las Abuelas de Plaza de Mayo en 1983, cuando tenía solo siete años. Veintidós años después de haber recuperado su identidad, no parecía encontrarse en una situación muy diferente de la mía.

Cuando finalmente me fui de aquel lugar que ahora detestaba con todas mis fuerzas, lo hice con la resignación de saber que lo que acababa de vivir estaba condenado a repetirse a lo largo de toda mi vida. Ninguna administración pública está preparada para otorgar una nueva identidad a una persona que lleva años viviendo con otra. Ni siquiera la administración de un Estado responsable de esa situación.

La anécdota del documento nacional de identidad es una más, una nueva gota en ese vaso que parece a punto de rebalsar todo el tiempo, pero que sin embargo nunca termina de hacerlo: en la Facultad de Derecho sigo sin haber resuelto el problema de cambio de nombre cuando aún me restaba alguna materia que cursar, y el trámite necesario no tiene visos de solucionarse en lo inmediato. Con mi número de CUIT, que me permite trabajar, hacer declaraciones impositivas y realizar mis aportes jubilatorios fue más de o mismo, debiendo anular el anterior para poder tener uno nuevo. Conclusión: dos números de CUIT, y la pérdida de mis aportes anteriores al cambio de identidad. Y si el pasaporte no fue una escala más en el engorroso universo de quienes pasan a ser otra persona fue porque, como mencioné, de este asunto en particular se encargó el "Beto" Baigorria para que pudiese viajar a Canadá. Parecen tan solo detalles, pero lo cierto es que cada uno de estos eventos se filtraba en mi vida cotidiana, quitándome fuerzas y haciendo que aquel difícil período de mi existencia se tornase aun más cuesta arriba de lo necesario, si esto es posible.

Pero las Abuelas de Plaza de Mayo no se dedican simplemente a encontrar y recuperar a sus nietos, sino que han preparado a lo largo de los años una célula de contención integrada por sus propios miembros, por chicos que ya han pasado por la misma situación y por psicólogos que acompañan a la persona en cuestión desde el primer día. Gracias a ello, desde el principio sentí que nunca estaría sola: el apoyo de nietos como Juan Cabandié o Mariano Gonçalves fue fundamental, no solo porque habían pasado por situaciones similares a la mía, sino porque ello también implicaba que habían pasado por la experiencia de convertirse de un día para el otro en personajes públicos. Incluso Paula, de H.I.J.O.S., me lo había dejado claro: mientras yo no me sintiera cómoda con ello, nadie me obligaba a hacer apariciones públicas o declaraciones a los medios.

En cuanto a la red de psicólogos, si bien es cierto que está perfectamente aceitada, de momento prefiero considerar, como tantos otros, que simplemente "no es para mí". Y no ha sido por falta de intentarlo: el proceso de incorporación de una nueva identidad en mi vida fue largo y doloroso, y en ningún momento se me ocurrió ni siquiera pensar que podría sobrellevarlo sola. La primera profesional que vi fue una mujer, encargada de entrevistarme para hacer la derivación. Desde el primer minuto sentí que había una total incompatibilidad entre las dos. Me cuesta entrar en los detalles porque se trató seguramente mucho más de una resistencia de mi parte que de alguna situación concreta, pero lo cierto es que la corriente no pasaba entre nosotras. Tras intentarlo un par de veces, decidí no volver más con aquella mujer. Poco después habría un segundo intento, esta vez con un hombre, al que vi durante algunas sesiones, y que me ayudó a poner en orden, al menos en cierta medida, mis prioridades. Cada vez me volvía un personaje más notorio, y para cuando se me incluyó en las listas de candidatos a diputados por la provincia de Buenos Aires, desde el interior mismo del movimiento comenzaron a "aconsejarme" con insistencia para que viese a un psicólogo. Según sostenían, mis niveles de exposición me sometían a repetir mi historia una vez tras otra, y necesitaría de ayuda profesional para procesarlo. Comencé a ir de nuevo, aunque esta vez bajo un régimen cuasi-policial: mi novio, quien para variar era también mi responsable político, me despertaba todas las mañanas y me llevaba hasta el consultorio del psicólogo, quedándose en la plaza de enfrente o en el café de la esquina hasta que yo saliese, para acompañarme nuevamente. La situación no duró demasiado tiempo antes de que me rebelase. No había llegado hasta aquí para que me cuidasen como niñeras. Siempre había sido la fuerte, la que siempre estaba lista. No era el momento de cambiar.

La discusión al respecto con Humberto Tumini —un gran compañero y una de las personas que más admiré en mi vida— fue tragicómica: él me expuso sus argumentos con la calma y la paciencia de un padre. Ya no se trataba solamente de mí, sino de todas las personas a las que yo representaría, del movimiento o de afuera. Necesitaba estar focalizada, no podía permitirme avanzar hacia un lugar que no estaba segura de poder soportar. Yo también expuse los míos, y mi determinación de ser tratada como lo que era: una persona adulta, capaz de tomar sus propias decisiones y de asumir las consecuencias de sus actos. En mi memoria quedará grabada para siempre aquella imagen de nosotros dos, sentados en su oficina, mientras él me hacía jurarle solemnemente que intentaría ir a terapia, y yo le respondía que aceptaba, aunque solo por tres meses.

Y los tres meses pasaron, y yo ya no volví más, por ahora. No quiero decir nunca, no quiero convencerme del todo de que el psicoanálisis no es lo mío. Aunque debo decir que encontré en Darío, el segundo de los psicólogos, un verdadero amigo. Quizá sea tan solo una cuestión de momentos, y ya llegará aquel en el que sepa aprovechar de esas formas de introspección. Mientras tanto, con una frecuencia pasmosa y una cotidianidad que ya las ha incorporado como un detalle más, las pesadillas continúan. Noche tras noche mi inconsciente me sigue gritando metáforas traumáticas que soy incapaz de incorporar, y al despertar me encuentro a mí misma deseando la misma cosa: poder, alguna vez, volver a ser "normal". Quizá siga el consejo de mi tía Lidia y lo intente con terapias más alternativas, como las energías que a ella tanto la apasionan. Como tantas otras cosas desde hace unos pocos (demasiado pocos) años, sigue siendo una cuenta pendiente.

El pasaje a la vida pública se asemeja bastante a la sensación que debe de haber tenido el rey del cuento infantil cuando descubre que se encuentra caminando desnudo por la calle: no es necesario ahondar en cuestiones personales buscando qué puede ser de interés para la gente, o detenerse a pensar qué cosas una está dispuesta a exponer y qué cosas no. Para eso están los periodistas, quienes, como si tuviesen acceso a una fuente inagotable de revelaciones, han reconstruido cada aspecto de mi historia, obteniendo las informaciones de las fuentes más inimaginables o, en muchos más casos de los que deberían, inventando lo que necesiten para cubrir los espacios vacíos del relato de mi vida.

Desde el momento en que esta nueva etapa comenzó para mí, es decir desde el momento en que mi nombre apareció públicamente por primera vez como el de la nieta número 78 recuperada por Abuelas de Plaza de Mayo, supe que tarde o temprano debería hacer frente a los medios, a menos que decidiese abandonar mi militancia política y condenarme al ostracismo. Al principio fue extremadamente difícil, ya que cada vez que el tema era mencionado las lágrimas me inundaban los ojos. Durante prácticamente los primeros dos años que siguieron a aquel mes de octubre del 2004 yo era incapaz de contener el llanto frente a lo que me sucedía. Las pesadillas, los frustrados intentos de hacer terapia y las incontables idas y vueltas de los trámites administrativos me excedían lo suficiente como para no querer agregar más problemas a mi existencia, pero poco a poco fui comprendiendo que el mejor exorcismo es el de la palabra: enfrentar los fantasmas es la única forma de liberarse de ellos, y conozco pocas formas más eficaces de hacerlo que exponiéndolos a la luz, hablar al respecto. Aceptar dar entrevistas y aparecer en los medios fue algo que hice con sumo cuidado y poco a poco, y así pude ir liberándome del enorme peso que representaba mi nueva vida: después de todo, hablar, contar mi historia una y otra vez, me ayudaba a procesar las cosas de otra forma, a asumir mis decisiones y, sobre todo, a dejar de llorar. Siempre me había considerado como una persona fuerte, de pocas lágrimas y capaz de guardar la compostura en las situaciones más extremas, pero todas esas consideraciones habían perdido consistencia últimamente. No me reconocía en aquella mujer a la que bastaba con mencionarle tangencialmente su condición de hija de desaparecidos para que las lágrimas corriesen libremente en un torrente de angustia. Después de todo, llevaba ya dos años llorando. Ya me había emborrachado lo suficiente, ya me había hecho bastante daño, y ahora era el momento de retomar las riendas de esta, mi nueva vida. Ya había llorado todo lo que tenía que llorar. Ahora era el momento de asumir mis decisiones, y de avanzar hacia adelante.

Y entretanto, desde aquellas elecciones del año 2003 en las que había obtenido una pírrica victoria, el gobierno del presidente Néstor Kirchner se afirmaba en una política clara de derechos humanos, de recuperación de los juicios a los militares con la anulación de las "leyes de impunidad" y de negociación con los acreedores externos para salir del *default* en el que la Argentina había entrado en los primeros días del 2002. El ingreso de Libres del Sur, nuevo movimiento político que habíamos fundado sobre las bases ampliadas de la Corriente Patria Libre, en una alianza trasversal de participación en el Gobierno, terminó de consumarse en el año 2004, ocupando algunos puestos que nosotros considerábamos claves en la administración, tanto en políticas de derechos humanos como en el Ministerio de Desarrollo Social.

Fue en este último donde yo comencé a colaborar con la ministra Alicia Kirchner en la misma época del viaje a Canadá a conocer a mi abuela y mis tíos, en la Dirección Nacional para la Juventud y en el Programa de Promotores Territoriales para el Cambio Social. Allí en el Ministerio creamos uno de los proyectos de los que más orgullosa me siento hasta el momento: el Proyecto de Difusión y Promoción de los Derechos Humanos, bautizado Claudia Falcone en homenaje a una de las adolescentes desaparecidas durante la dictadura en la llamada "Noche de los lápices". Gracias a este proyecto, al cual sigo ligada hasta el día de hoy, tuve la oportunidad de recorrer el país promoviendo entre los adolescentes actividades y discusiones para conservar la memoria histórica reciente, para reflexionar sobre el rol de los derechos humanos en el país y en el mundo, y para analizar los diferentes momentos de la historia en los que los derechos humanos fueron ganando su lugar en las declaraciones universales de las Naciones Unidas. La experiencia del Claudia Falcone no solo fue políticamente enriquecedora, sino que también lo fue a nivel personal. Porque tras un tiempo bastante largo de sentirme incómoda y perdida, de avanzar sin rumbo y de dejarme llevar por impulsos más autodestructivos que constructivos, una vez más comencé una relación con quien era mi responsable político y que continuaría dirigiendo las actividades del Claudia Falcone cuando dejé el Ministerio. Gracias a él pude reencontrarme con una estabilidad perdida y recuperar un poco de mi amor propio, sin contar con el rol determinante que tuvo en mi salto a los cargos electivos que me llevó a ser electa diputada nacional en el año 2007. Al día de hoy todavía seguimos juntos, y estas pocas líneas, si bien no le hacen justicia, que al menos sirvan para que su presencia ocupe un lugar central en mi vida posterior al año 2004.

Así llegaron las elecciones nacionales del 2005, en donde el Gobierno se jugaba una carta importantísima: con las presidenciales ganadas con el 22% de los votos y sin haber pasado por una segunda vuelta, aquellas elecciones definirían la verdadera base de apoyo popular con la que contaba la presidencia de Kirchner. En aquel momento yo trabajaba principalmente con la provincia de Buenos Aires, y mi domicilio estaba fijado en Avellaneda, en el sur del conurbano bonaerense. Un poco por cuestiones de cupo femenino en las listas (por ley debe haber 30% de candidatas mujeres con posibilidades de ser electas), un poco porque mi domicilio estaba en la provincia de Buenos Aires, y un poco, espero, por mis propios méritos en los años que llevaba trabajando en el territorio, fui elegida como candidata al Concejo Deliberante del Municipio de Avellaneda, en la sexta posición de la lista. Por supuesto, entraron cinco. Sin embargo, debido a reconfiguraciones en las listas posteriores a las elecciones, finalmente accedí con el cargo de suplente, sin goce de sueldo, y comencé mi primera experiencia legislativa. Allí surgieron los primeros proyectos de defensa y difusión de los derechos humanos, programas de trabajo e integración de la juventud y la lucha por la igualdad de géneros desde la legislación. Poco a poco se iba conformando el perfil que me definiría más adelante como diputada, pero a la vez comenzaba a vislumbrarse una decisión que inexorablemente tendría que tomar, y solo pensar en ella me provocaba un inmenso vacío. Para entonces yo continuaba mi trabajo en el Claudia Falcone y el Ministerio de Desarrollo Social, era la responsable de la Juventud en el Movimiento y dedicaba muchísimo tiempo a la actividad legislativa. Tarde o temprano habría que definir el camino político a seguir, y esto implicaba dejar de lado por primera vez aquello que me había motivado a entrar en política: el trabajo de territorio, en los barrios, con la gente. Lamentablemente es imposible estar en dos lugares al mismo tiempo, y la alegría y la satisfacción que me otorgaba la actividad legislativa se veían ligeramente opacadas por la decisión inevitable que terminaría por llegar.

Y en el 2007, el momento finalmente llegó. Apenas unos días antes de la presentación oficial de las listas de candidatos a diputados nacionales, Tumini me extendió la propuesta hecha desde el Frente para la Victoria, el frente electoral fundado por los Kirchner, para que yo fuese candidata por la provincia de Buenos Aires. El asunto se resolvió en pocas horas, y dos días después yo ingresaba oficialmente en el número dieciocho de la lista para las elecciones. Esta vez sí entré, convirtiéndome en ese momento en la diputada más joven en la historia de la Argentina. ¡Y esto, teniendo en cuenta cualquiera de mis "dos" fechas de nacimiento!

Pero aquellas elecciones del 2007 no constituyeron el punto de partida de una vida expuesta definitivamente a los medios de comunicación, sino más bien un punto culminante, la coronación de un proceso que había comenzado con la decisión personal de autorizar mi propia exposición mediática.

La primera nota la di a Victoria Ginzberg, del diario *Página/12*, y fue el principio de una escalada hacia mi total desnudez pública. Efectivamente, aunque se tata de algo con lo que he aprendido a sentirme cómoda, lo cierto es que los primeros pasos fueron muy difíciles, y si hubo un primer momento de silencio y lágrimas, este segundo momento no parecía dejar las lágrimas de lado: programas de televisión, actos públicos junto con las Abuelas de Plaza de Mayo, entrevistas... yo pensaba que tarde o temprano pasaría la marea, que poco a poco podría volver a sumirme en el semianonimato de la vida de una militante política, pero lo cierto es que me equivocaba. Por completo.

A principios del 2007, coincidiendo con un nuevo aniversario del golpe de Estado de 1976, se estrenó en la televisión el ciclo coproducido con las Abuelas de Plaza de Mayo, "Televisión por la identidad". Fueron tres unitarios, dos de ficción y un documental: en el primero, se reproducía la historia de Tatiana Ruarte Britos, nieta recuperada por las Abuelas en 1980, todavía durante la dictadura militar. En el segundo se contaba la historia de Juan Cabandié, y en el tercero se seguían varias historias, con entrevistas al final de la emisión a diferentes nietos restituidos, entre los que me encontraba yo.

Poco tiempo después se estrenaba la obra de teatro *Vic y Vic*, escrita por Erika Holvarsen. En ella se reproduce un diálogo imaginario entre dos amigas, Vicky Grigera y yo, respecto de sus historias, de sus padres desaparecidos y de sus experiencias al respecto. Participar de la creación y aportar datos para la obra fue una experiencia altamente gratificante, entre otras cosas, por el hecho de que el personaje de Vicky Grigera lo hacía ella misma, ahora abocada a la actuación. La obra fue estrenada en el Complejo La Plaza, también como parte de los ciclos llamados "Por la identidad".

El documental del "gallego" Jaime, por su parte, vio finalmente la luz tras superar amenazas y cartas documento, robos y denuncias, en el aniversario del golpe del año siguiente, en el 2008. A pesar de haber formado parte desde el principio, de haber visionado cada fragmento una y otra vez durante la realización, el día que se proyectó públicamente por primera vez sentí como si al fin la transición hubiera sido superada: demasiadas cosas habían sucedido desde que conocí la verdad sobre mi identidad, y aquel documental representaba el comienzo de un nuevo período en mi vida: Victoria, quien se había ido formando durante todo aquel tiempo, podía finalmente aceptarse, definirse, incorporar a Analía y avanzar. Victoria y Analía eran al fin la misma persona. Y esa persona era yo.

En cierta medida, si el año 2004 significó un terremoto que sacudió los cimientos de mi propia identidad y abrió una etapa de reconfiguración total, el año 2007 cierra ese ciclo con una intensidad semejante. Cuando todo comenzó, mi actividad política se convirtió en un espacio claro y definido, un lugar en el que mis convicciones no se veían afectadas por los cambios de mi vida. Y a la vez fueron esos cambios los que me transformaron poco a poco en un personaje público, en otro símbolo de la etapa más negra de la historia argentina. Aquellos dos espacios diferenciados, el de mi militancia y el de mi nueva condición de hija de desaparecidos, terminaron por coincidir en el 2007.

Así, el aumento de mi exposición pública fue directamente proporcional al de mis actividades políticas: la finalización del documental, con las amenazas y las denuncias públicas de Abuelas de Plaza de Mayo contra mi tío, el ciclo de "Televisión por la identidad", la obra de teatro, las entrevistas y los programas de televisión peleaban un lugar dentro de una agenda de por sí sobrecargada con las actividades del Centro Claudia Falcone, el Concejo Deliberante de Avella-

neda y la Dirección de la Juventud. Y en medio de aquel maremágnum donde que yo ya no tenía ningún control, llegó la
propuesta de integrar las listas de diputados al Congreso de
la Nación, que acepté después de discutirlo con los compañeros del movimiento y en especial con mi admirado y querido "pelado" Tumini. Nos recuerdo una vez más, sentados
alrededor de un café, preguntándole si mis papás estarían de
acuerdo con que acepte ir en la lista, a sabiendas de que ellos
despreciaban el electoralismo. Con calma, me tranquilizó diciéndome que sí, que estarían contentos porque los tiempos
eran otros y las formas de lucha también, y con la confianza
que siempre le tuve y le tendré, acepté finalmente presentar-
me a las elecciones atenazada por el temor de no ser lo suficientemente buena como para que mis papás estuviesen orgullosos, pero con la seguridad de que nunca estaría sola
frente a tan gran desafío. No fue sino hasta después de las
elecciones de octubre, cuando tomé verdadera conciencia de
lo que me esperaba a partir de entonces, que estalló la crisis:
tras años de militancia y de trabajo de hormiga, tras años de
construcción de un espacio político propio, ¿había sido electa diputada por ser huérfana? ¿Se trataba tan sólo de tener
una hija de desaparecidos en el Congreso?

A las dudas que me generaba el lugar que tendría que
ocupar se sumó el sacrificio que definitivamente no quería
hacer: ser diputada era un trabajo de tiempo completo, por
lo que implicaba dejar de lado el trabajo en el Claudia Falcone. El trabajo de territorio era lo que me había llevado a hacer política. La necesidad de participar de forma concreta,
ayudando a personas reales, me había guiado desde los días
de trabajo comunitario en la iglesia de Quilmes. Y de pronto,
para seguir haciendo política, era justamente a eso a lo que

debía renunciar. Y de hecho, si los problemas de confianza que me generaba mi lugar en el Congreso los he ido superando, la frustración de ya no poder trabajar junto a la gente es algo que nunca podré vencer. Con el tiempo he comprendido que el proyecto y las ideas siguen siendo los mismos sin importar el lugar que ocupe en ellos, y que finalmente esta no es sino una nueva etapa para mí, donde tengo la posibilidad de construir políticamente y colaborar desde otra función, ni más ni menos importante, sino diferente. Y me alimenta la convicción de que si algún día esta etapa simplemente termina, me sentiré plenamente feliz de volver a las actividades de siempre, las que directa o indirectamente también me llevaron hasta aquí.

En cuanto a las razones por las que fui electa diputada, he aprendido a superarlas desde otro punto de vista. Después de todo, la respuesta a si fui candidata por ser hija de desaparecidos es casi con seguridad que sí. No se debió exclusivamente a ello, ni me define completamente, pero es cuanto menos innegable. Tampoco me caben dudas de que muchos esperarían de mí una cierta docilidad, la posibilidad de tener un símbolo en el Congreso y nada más, alguien para levantar la mano cuando así se le indique. Pero lo que he descubierto es que finalmente la importancia no radica en las razones de mi candidatura, sino en el rol que puedo ocupar en tanto diputada, en qué puedo aportar desde el sitio para el que fui elegida. Y ser hija de desaparecidos, ser la primera nieta restituida en ocupar un lugar en la Cámara de Diputados, también es un mandato que implica fuertes responsabilidades. Desde la Comisión de Derechos Humanos, en la que soy secretaria, he propuesto y apoyado proyectos que ayuden precisamente a aclarar y a hacer justicia frente a los hechos acontecidos durante la última dictadura, y que garanticen la que ha sido la consigna de los organismos de derechos humanos desde el retorno de la democracia: Nunca más.

Proyectos como el de la inhabilitación para ocupar cargos públicos a quienes hayan participado en el terrorismo de Estado durante la última dictadura, o el de la implementación de un sistema de protección de testigos que impida situaciones como la del secuestro de Julio López, van en el sentido del mandato que me fue impuesto, tanto por mi condición de hija de desaparecidos como por ser parte del Movimiento Libres del Sur: fortalecer las instituciones democráticas.

Pero mi actividad en el Congreso no se circunscribe al área de derechos humanos, y es en ese punto en el que ser diputada es mucho más que ser hija de desaparecidos: el proyecto de expropiación del Hotel Bauen, surgido de un negociado de la dictadura para después ser declarado en quiebra en medio de un vacío jurídico, o la modificación de la Ley de Educación pergeñada durante el menemismo y que ha llevado al casi colapso de la enseñanza, también representan avances en la sociedad argentina, y seguir adelante con ellos y con otros similares forma parte de la responsabilidad que asumí a fines del 2007. Además de la Comisión de Derechos Humanos, también integro las comisiones de Educación, Mujer, Legislación Penal, Protección de Adicciones, Asuntos Cooperativos y Seguridad Interior. Desde todas ellas busco aportar mi experiencia, mis ideas y mi trabajo, y si en algo me hace diferente de los demás ser hija de desaparecidos es en exigirme una responsabilidad aun mayor en el cargo.

Después del hecho de encontrarme frente a una verdad revelada, o frente a una mentira desenmascarada, tuve que aprender poco a poco a incorporar una nueva historia, una nueva familia, un nuevo origen. Y durante ese aprendizaje me encontré más de una vez sin poder avanzar, rechazando lo que hasta entonces me parecía válido e incluso rechazándome a mí misma. Ese proceso, que quiero ver como el ciclo de adaptación que culmina en las elecciones del 2007, se acerca a un punto en el que siento poder reconciliarme con todo aquello que me trajo hasta aquí. Lo bueno y lo malo, la verdad y la mentira. Soy un producto de la dictadura de la misma manera en que soy un producto del cariño que supieron darme Raúl y Graciela, y me reconozco tanto en ellos como en Cori y el Cabo, a los que siento que quiero todo lo que se puede querer a quien nunca se conoció. No soy menos la sobrina del antiguo jefe de Inteligencia de la ESMA, asesino de su hermano y su cuñada, que la adolescente que se extasiaba durante los conciertos de Los Caballeros de la Quema. Entonces, y por sobre todo, no soy menos Analía que Victoria.

De más está decir que la historia de mi pasado presenta aún demasiados puntos oscuros, así como la de mis padres y tantos otros desaparecidos. No es que ya no me queden cosas por resolver, sino que me siento en paz conmigo misma, y repleta de confianza sobre la posibilidad de, algún día, poder conocer toda la verdad. Después de todo, a pesar del asesinato de Febrés, quien no podía sino conocer el destino de los bebés nacidos a su cargo en "la Sardá" de la ESMA, quedan aún muchos otros que participaron en esa historia.

Entre ellos, mi tío. Quizás el único en saber con certeza el destino final de mis padres, su propia familia. Sus enemigos.

Respecto de Daniela, de mi hermana, tampoco creo que todo esté dicho, pero aún no ha llegado el momento de volver a vernos las caras. La verdad ya ha aflorado, ya se encuentra entre nosotras. Siempre debemos luchar por la verdad, pero lo que no es posible es imponérsela a quienes no quieren verla. Y de momento, Daniela ha elegido no mirar.

Cuando este libro salga a la calle se habrán cumplido treinta y tres años desde el golpe de Estado que cambió para siempre la vida de los argentinos. Yo tuve que esperar veintisiete años para conocer la verdad. Otros menos. Pero globalmente todos seguimos sin conocerla del todo, reconstruyéndola a partir de fragmentos, de suposiciones, de pequeños descubrimientos que develan piezas de un gigantesco rompecabezas. Quienes poseen la clave son aquellos que participaron de la dictadura, los responsables de los crímenes. Y durante años, fueron intocables para la Justicia, para la gente que exigía saber dónde estaban sus hijos, sus hermanos, sus parejas o sus padres. Pero desde el año 2003 vuelve a existir una voluntad política desde el Estado, y las últimas barreras que quedaban frente a la injusticia de las "leyes de impunidad" han terminado por ceder. Los juicios se han reanudado, y ya muchos de quienes se consideraban intocables están tras las rejas a la espera de sentencia, o con sentencias firmes. Se trata de un momento histórico en la Argentina y es fundamental seguir impulsándolo, no dejarle perder fuelle, con la conciencia de que lo que realmente nos estamos jugando como país es conocer nuestra propia historia. Y un país sin historia es un país sin futuro.

Resta sin duda muchísimo por hacer: causas gigantescas como la megacausa de la ESMA llevan años paradas en algún cajón del Poder Judicial, donde todavía quedan funcionarios poco deseosos de exponer las atrocidades del terrorismo de Estado que ellos mismos avalaron. La mayoría de los militares gozan de prisión domiciliaria o se encuentran en prisiones militares, donde son tratados a cuerpo de rey por sus hermanos de armas. Casos como el asesinato de Febrés o el secuestro de Julio López muestran hasta qué punto las mismas "patotas" de los años setenta aún hoy se desenvuelven con impunidad y son protegidas por las mafias que tanto se enriquecieron en su momento. E incluso dentro de las propias instituciones democráticas por momentos es difícil avanzar todos en una misma dirección, como lo muestran los obstáculos para tratar el proyecto de ley sobre la inhabilitación a ocupar cargos públicos a funcionarios de la última dictadura. Por supuesto, resulta inevitable que siempre haya intereses en juego que deseen ocultar la verdad, pero la determinación y la voluntad política de la mayoría han mostrado ser armas poderosas para conseguir justicia.

Y es precisamente en el sentido de la determinación que este libro, esta exposición de mi historia, encuentre quizá su lugar. Mi historia no es, claramente, la historia de vida promedio de la gente, pero tampoco es única. Con más o menos aristas, más o menos historias de violencia y más o menos información, mi historia es la de al menos quinientos otros chicos nacidos en cautiverio o secuestrados junto con sus padres durante la dictadura. Y mi historia es también la de los treinta mil argentinos y argentinas, en su mayoría jóvenes, víctimas de la tortura y el terrorismo de Estado. Por último, mi historia es la de treinta millones de argentinos que, en mayor o menor medida, vieron sus vidas afectadas por la dictadura. Porque tuvieron que irse exiliados y sufrir al abandonar a los suyos, porque sobrevivieron a la tortura y ahora deben vivir con la culpa de no haber muerto como héroes, porque prefirieron ignorar lo que sucedía y hoy deben hacer frente a los horrores que no se permitieron ver.

Mi historia, la de Analía y la de Victoria, la de Cori y el Cabo, solo tiene sentido rodeada de las otras treinta millones de historias que habitan la Argentina. Sin duda esta historia revelará a muchos las atrocidades que han podido cometerse en este país, la forma en la que se las sigue ocultando, e incluso podrá dejar anonadado a quien piense que tan sólo sucedió tres décadas atrás, y en un país que siempre se reclamó como el faro cultural de América Latina, como el lugar en el que la dicotomía entre "civilización o barbarie" había sido dirimida hacía ya mucho tiempo. En otros quizá despertará tan solo un horror vacío de contenido ante "lo terrible que puede ser el mundo", e incluso algunos puedan encontrar imposible concentrarse en esta historia a causa de lo caprichosa y testaruda que puede ser por momentos la narradora. Pero el objetivo tras estas líneas estará, en todos los casos, cumplido: lo que me sucedió, lo que aquí cuento, puedo ser mejor o peor, más o menos tolerable, generar escozor o empatía. Pero en todos los casos, lo que aquí se cuenta es verdad. Sucedió. Y sucedió en un sentido que supera al de mi historia, que abarca las treinta millones de historias. Sucedió en la Argentina, sucedió hace apenas treinta años, y nos sucedió a todos. Este libro es solo un caso más. Un ejemplo, si se quiere. Un ejemplo del horror, de las nefastas consecuencias de la dictadura.

A mí, me queda seguir avanzando y aprendiendo. Hoy mi actividad política encuentra un nuevo sentido en la historia de mis padres, en su legado, en aquello que siempre estuvo en mí pero tardó décadas en explicarse. Tras una cantidad incontable de veces en las que me sentí incapaz incluso de moverme, hoy me encuentro cada día más fortalecida, cada vez más orgullosa de ser quien soy, de tener la historia que tengo, de ser la hija de Cori y del Cabo. Quisiera que mi historia pudiese servirle a alguien, que pudiese globalmente colaborar para comprender que la verdad puede ser ocultada, modificada o incluso puede intentarse destruirla, pero que siempre terminará por surgir, incapaz de ser contenida por siempre. Quisiera que esta fuese tan solo una historia más entre las cientos que quedan por venir, las de todos los chicos que aún desconocen su verdadera identidad y viven en la falsedad y la mentira y que terminarán, tarde o temprano, por desenmascararla.

Hoy siento que el desierto está ya detrás mío, y que si algo me debo es vivir mi vida a partir de ahora disfrutando cada instante, sabiéndome, ahora sí, completa. Y vivir será siempre también seguir luchando por la verdad, por lo que considero justo, por mis convicciones.

Se lo debo a mis padres, que se sacrificaron por construir un mundo más justo para sus hijas. Se lo debo a Analía, quien no pudo sino sucumbir y sacrificarse para que la verdad ocupase su lugar en la historia. Se lo debo a todos aquellos que me sostuvieron y me acompañaron evitando que me derrumbase. Y me lo debo a mí, en tanto resultante de una trama novelesca que comenzó antes de que naciese.

Después de todo, a pesar de la certeza de que le robarían a su hija, a pesar de imaginar que su esposo estaba muerto y que ella no sobreviviría mucho después del parto, Cori hizo pasar un mensaje a sus asesinos dándome un nombre, identificándome. En ese desafío simbólico vive Cori, y en él se encuentra también mi legado.

En mi nombre está su último grito, su último obstinado rechazo al destino que le era impuesto. Porque mi existencia prueba que finalmente Cori consiguió su objetivo, que Cori les ganó su última partida. Es por eso que mi nombre es Victoria.

ABUELAS

*E*l sol apenas entraba en las oficinas de la planta baja del viejo edificio de la calle Virrey Ceballos, a pesar de que afuera, en las calles, hacía rato que la sensación de "media estación" de la primavera se había evaporado por completo con calores dignos del verano. Sentada en un inmenso sofá de cuero, Analía esperaba que la recibiesen, sosteniendo firmemente entre las manos los resultados de los análisis, como si fueran a robárselos, como si fueran a desaparecer al menor descuido.

Había venido incontables veces a la sede de Abuelas de Plaza de Mayo, sobre todo en los últimos meses, desde que su vida, tal como la había conocido, se vino abajo con la facilidad de un castillo de arena barrido por las olas. Conocía a todo el mundo, y normalmente no se hubiera sentado a esperar en aquel sofá, sino que se detendría al azar en alguno de los escritorios. Allí estaban como siempre Paula, Florencia y Ezequiel, pero esta vez reinaba el silencio, un manto de respeto y temor que se extendía sobre ella e irradiaba hacia los demás desde hacía algunos días. Las paredes del salón, indistintamente cubiertas por afiches de las diferentes campañas o por enormes bibliotecas sepultadas por libros y archivos de cientos de casos como el de Analía, le parecían de pronto menos familiares, y hasta en algún punto amenazadoras.

Era plenamente consciente del valor de la verdad, y llevaba años acompañando a estas mujeres en su lucha por encontrar a sus nietos. Pero ahora se hallaba del otro lado del mostrador, le tocaba jugar un rol que jamás habría imaginado para ella, y por momentos no podía evitar sentir bronca hacia quienes la habían encontrado. Sorprendida de sí misma, Analía sacudió ligeramente la cabeza, como intentando hacer caer las sensaciones encontradas y difíciles de controlar que tanto daño le provocaban. Bajó la vista, se hundió aun más en el sofá de cuero y sus ojos volvieron a encontrarse con el sobre con los resultados de los análisis que seguía estrujando y humedeciendo con las palmas transpiradas de las manos. Los análisis. La modificación radical de todos los parámetros que guiaban su vida resumida en una hoja de papel con un resultado positivo.

Poco más de dos meses atrás, y tras inimaginables periplos que por momentos le hicieron pensar que Dios no quería que ella supiese la verdad, cruzaba la entrada del Hospital Durand acompañada por su nueva guardia pretoriana. Pero como siempre sucede en los momentos clave, a la hora de enfrentarse a su propia decisión se encontró una vez más sola, acompañada tan solo por el médico encargado de realizarle los estudios.

No hacía mucho frío aquel día, y Analía llevaba puesto un viejo pulóver verde de lana que caía sobre sus hombros con la naturalidad que solo consiguen las prendas que han sido usadas una y mil veces. Unos jeans, como siempre gastados y con los bolsillos raídos, completaban un atuendo apenas premeditado. Siguió a aquel hombre pequeño, barbudo y de pelo tan negro que parecía azul a través de un largo pasillo de paredes desnudas y blancas, contra una de las cuales destacaba un matafuegos rojo que rompía el ascetismo del lugar.

Entraron en una habitación cúbica y aun más blanca que el pasillo. La luz amarilla de dos spots en la pared frente a la entrada, dirigidos hacia el único y minúsculo cuadro que servía de decoración a toda la pieza, se mezclaba con la luz natural que dejaba pasar el cristal opaco de la ventana que ocupaba todo el ancho del muro de la entrada. Seguramente la habitación daba al aire y luz del edificio. Contra la pared de su izquierda se sostenían un pequeño calefón y una pileta para lavarse las manos, blancos como todo lo demás pero gastados por el tiempo y la falta de presupuesto, y contra la de la derecha, unos cuantos biblioratos y un escritorio de metal frente al que se sentó su pequeño y peludo anfitrión.

Mientras completaba un formulario, el médico volvió a explicarle el procedimiento que Analía ya conocía de memoria. No solo se lo habían repetido hasta el cansancio, sino que ya había pasado por todo esto al hacerse los primeros análisis, de los que seguía sin conocer el resultado. Finalmente se puso de pie, se calzó los guantes de látex y, tras pasarle un algodón con alcohol sobre el dedo índice de la mano derecha, la pinchó con una minúscula agujita.

—¡Qué poquita sangre que tenés! —le dijo mientras le hacía apoyar la yema del dedo sobre cuatro pequeños círculos dibujados en un papel. Analía se preguntó cómo se podía tener poca o mucha sangre, y qué querría decir que tuviese poca. Suponía que era una frase metafórica, que implicaba otra cosa en sentido figurado, pero era incapaz de figurárselo.

Sobre uno de los ángulos de la cartulina ahora decorada con su sangre estaba escrita la marca del fabricante. O del laboratorio, cómo saberlo. Whatman. Whatman. "Qué hombre", en inglés. Curioso —pensó—, ni siquiera por accidente se hubiera podido ser más idóneo al elegir el nombre de un producto.

Una vez que el ritual terminó, el hombre del pelo casi azul vestido de blanco desanduvo junto a ella el pasillo blanco y volvieron a entrar en la antesala en la que se habían encontrado al principio.

—Bueno, ya está —le dijo a Analía con una media sonrisa de médico—. Hoy mismo mandamos todo al laboratorio y solo queda esperar un tiempito hasta que estén los resultados —frente a la mirada extraviada de Analía hizo una pausa y se sintió obligado de agregar—: vos quedate tranquila y no pienses en los resultados, y vas a ver que la espera se te hace mucho más corta.

Ella asintió, aunque en el fondo hubiera querido explicarle, a él o a alguien que fuese capaz de entenderla, que el problema no era el tiempo de espera. La angustia, la verdadera, encontraba su fuente en no saber cuál quería que fuese el resultado. No saber quién era finalmente no era tan terrible como no saber quién quería ser.

Analía estaba sentada en primera fila de la proyección de sus recuerdos, y se encontraba tan embelesada en revivir aquellas sensaciones que no notó la puerta del despacho que tenía enfrente abriéndose, ni la figura de Estela de Carlotto que se delineaba bajo el marco, sonriéndole. ¿Cuántas veces había estado en estas oficinas? ¿Cuántas había sido recibida con candor y un mate caliente por Estela o por cualquiera de los colaboradores de Abuelas a los que tan bien conocía? ¿Por qué ahora tenía que ser tan diferente?

Apenas poco más de dos meses habían pasado desde los exámenes en el Hospital Durand, y Analía comprendía por primera vez en toda su dimensión la abismal diferencia que existe entre el tiempo real y el tiempo subjetivo. Había vivido cientos de vidas desde el mes de julio. Había sentido más cosas que en todos los años anteriores de su existencia, y si antes, como cualquier otra persona, sentía que la habitaban algunas contradicciones, hoy por más que buscase y rebuscase en su interior, era incapaz de descubrir una sola certeza.

A estas alturas el resultado de los análisis ya debían conocerlo todos, por cuanto lo primero que había hecho al recogerlos fue llamar a las personas involucradas. Paula, Lidia, Vicky... todos estaban informados. Sin embargo, había insistido en ir sola a buscarlos. Ya se encontrarían más tarde en la sede de Abuelas.

Analía siguió en silencio a Estela de Carlotto hacia el interior del despacho, cuyas paredes estaban adornadas por los mismos afiches y archivadores que tapizaban todo el lugar. Más adelante conservaría la sensación de que estuvieron charlando un largo rato, pero para siempre sería incapaz de recordar uno solo de los temas por los que discurrió su conversación. En un momento le extendió el sobre con los resultados, y Estela llamó a alguien de fuera del despacho para que sacase fotocopias y los archivara con "el resto". ¿El resto de qué? ¿El resto de pruebas de la apropiación? ¿El resto de los nietos restituidos? ¿A qué "resto" pertenecía la identidad de Analía? Sentía que de un momento a otro la cabeza iba a explotarle, o peor, que la puerta se abriría y aparecería el productor de alguna emisión televisiva que desconocía para explicarle entre sonrisas que todo había sido una cámara oculta. Por supuesto, la cabeza no le estalló, ni se abrió la puerta, sino que siguió escuchándose conversar con Estela sobre todas aquellas cosas que jamás recordaría, como si nada extraño sucediese.

Todo lo que sucedía en la habitación, en la sede de Abuelas, había sido planificado de antemano, en una realidad paralela que Analía era incapaz de asir, por lo que se limitaba a seguir los acontecimientos desde fuera, espectadora de sus propios movimientos.

Y en ese mundo paralelo, como había sido convenido, Estela levantó el teléfono, marcó una serie de números y esperó a que le respondiesen del otro lado mientras le dedicaba una sonrisa que, supuso Analía, buscaba ser reconfortante. Pero a pesar de estar lejos de lo que le sucedía, Analía era capaz de distinguir una sensación que la habitaba y que no lograba identificar a qué se debía, aunque sabía que tenía que ver con la llamada. Donde se encontraba, Analía no podía recordar a quién se suponía que debían llamar.

Pero en el momento en que la voz de Estela volvió a hacerse presente mientras conversaba con alguien del otro lado, Analía comenzó a sentir que el mundo desdoblado en el que se encontraba comenzaba a cobrar sentido, que poco a poco entraba a ocupar su lugar en la escena que estaba representando. Volvió a aparecerse ante sus ojos el concepto de tiempo, el de la espera, y supo claramente que lo que le estaba sucediendo se trataba de eso: de una espera interminable, de una vida esperando. Solo que no se trataba de ella, que la espera y la ansiedad que sentía no eran las suyas, sino las de una madre que había pasado la mayor parte de su vida esperando algún día recuperar lo único que había quedado del exterminio de su hija.

Los pensamientos de Analía se detuvieron en seco cuando al fin escuchó a Estela decir:

—¿Leontina? ¡Qué alegría escucharte después de tanto tiempo! Esperá un segundo, aquí hay alguien que quiere saludarte —y le tendió el tubo del teléfono, en un gesto que quizás, no podía recordarlo, había también sido convenido de antemano. Analía sostuvo el auricular en la mano derecha y recordó todo, llorando y sonriendo al mismo tiempo:

—Hola, ¿abuelita? Soy yo, Victoria, tu nieta. La de los hilitos azules...

Epílogo

Acabo de leer un libro que trata de la vida de una mujercita que primero era Analía y después fue Victoria. Que es y no es la misma. Como la conocí en ambas etapas de su existencia, voy a decir algunas palabras al respecto.

Que es la misma no me caben dudas. En primer lugar —lo justo es justo— es igual de linda, de espontánea y atractiva. Cualquiera que la conozca puede dar fe de su frescura de ayer y de hoy. En segundo lugar sigue tan rebelde, porfiada, sensible y militante como años atrás cuando estaba en la Vence. Que ha cambiado también es cierto. ¿Quién puede no hacerlo cuando semejante vendaval pasa por su existencia? Llora, como ella cuenta, más a menudo, es —un poco— más reflexiva, se va formando a pasos acelerados en la dura y árida vida política argentina, y también en la vida así a secas, claro está. Con el enorme mérito de conservar inocencia, afectos y capacidad de asombro. Debo decir que, habiendo visto muchas situaciones difíciles, me asombran la fuerza y la convicción con que ella —en esencia— ha abordado el drama que le tocó en suerte. Capaz que haya allí, como repite muchas veces en el libro, algún gen de su mamá dando vueltas.

También voy a hacer algunas breves reflexiones respecto de su historia. No es esta una excepción; como ella misma dice, en esta Patria hubo quinientos ciudadanos y ciudadanas que fueron privados de su identidad por los represores desde su nacimiento, y miles más a quienes les impidieron no solo conocer a sus papás y mamás, sino que al día de hoy no saben qué fue de ellos, salvo que los secuestraron, torturaron y asesinaron. Tal vez lo de Victoria tenga sus particularidades, como que su tío militar haya sido

253

parte activa en la desaparición de su propio hermano y su cuñada, y también en la separación de sus dos hijas. No es fácil encontrar conductas tan perversas. Pero por cierto no escapan a las generales de la ley en aquellos que se consideraron en su momento dueños de la vida y la muerte de los argentinos.

Sí creo que es notable que ella haya sido una militante de las ideas de sus papás mucho antes de saber de ellos. Adjudica esto en su relato, numerosas veces, a la herencia que aun en su inconsciencia recibió de ellos y a una normal reacción de adolescente frente a las ideas reaccionarias de quien ella creía su progenitor. Ambas cosas pueden contener una parte de la verdad. Creo sin embargo que habría que sumar a ellas que, tanto Victoria cuando era Analía y luego de saber la verdad, como Cori y José María antes, fueron parte de una sociedad como la nuestra que siempre, siempre, de doscientos años a esta parte, ha sido capaz de parir mujeres y hombres decididos a luchar contra la opresión, por la independencia, la justicia y la igualdad. Aun a costa de su libertad o de su vida. Seguramente eso, que también está en nuestros genes, ha aportado lo suyo para que ella comenzara a recorrer el mismo camino de sus padres sin saberlo aún.

Todo mi afecto a Vicky. También mi admiración. Mi homenaje a quienes la trajeron a este difícil e injusto mundo, y en ellos a toda nuestra generación, decidida a hacerlo mejor costase lo que costase.

HUMBERTO TUMINI
Secretario general del Movimiento Libres del Sur

Índice